岩波現代全書

002

「幸せ」の経済学

GendaiZensho
岩波現代全書
002

「幸せ」の経済学

橘木俊詔
Toshiaki Tachibanaki

はしがき

本書は経済学の立場から人の「幸せ」を考えるものです。人は誰しも高い「幸せ」を望むでしょうが、もともと経済学は人を経済的に豊かにすることを考える学問ですので、経済的な豊かさが人の「幸せ」につながるかどうか関心が持たれます。

経済学の中で、人びとの「幸せ」を考える分野があるとすれば、それは人びとや企業の経済活動を対象にする「ミクロ経済学」で、さらにその中の、人びとの消費を対象にする「消費の経済学」がそれに相当します。「消費の経済学」では、人びとの消費から得られる効用(すなわち満足度)に最大の関心が払われたのです。そこで人びとの効用を最大にすることが消費の目的とされ、どのような消費行動をするときが最大の効用の得られるときなのかを分析してきました。効用を人びとの「幸せ」と解釈することも可能なので、経済学は最大の幸福を求めるための学問である、とも判断できるのです。

最大の効用、すなわち最大の幸福を得るためには、消費を最大にすることとなります。消費は所得の多寡で決まるので、所得の最大化ということが目的となります。これらのことから、人間が幸福を求めるにはできるだけ高い所得を得ることが前提条件ということになり、経済学における究極の目的は所得を最大にする経済組織、あるいは経済政策とはどのようなものであるか、ということとなります。すなわち経済をもっとも効率よく運営して所得を最大にすることが、人びとの幸福をもたらす手段なのであり、経済学には効率性の追求をもっとも重要な目標としてきた歴史があります。

本書はここまで述べてきたことに疑問を呈する動機で書かれました。人びとの「幸せ」は必ずしも消費の最大化、あるいは所得の最大化だけで得られるものではない、ということを主張するものです。このために世界各国における「幸せ」度の計測に注目して分析した結果は、所得の高い国に住む人が必ずしも高い幸福度を感じているのではない、という命題を支持するものです。経済生活は人間にとって基本のことなので、もとより非常に低い所得の国であれば、高い幸福度は期待できません。とはいえ国民の大半が低所得にいる国(例えば代表的にはブータン)であっても人びとの幸福度は高い場合があるし、たとえ経済が最強の国(例えば代表的にはアメリカ)であっても国民の全員が高い幸福度にいるのではありません。なぜブータンやアメリカのような国があるのか、そして世界一の幸福国とみなされているデンマークを論じて、人びとはどういう状況の下で「幸せ」ないし「不幸」を感じるのかを詳しく論じることとします。

このことを具体的に述べれば、人はどういう分野でどういうことをしているときに「幸せ」を感じているのか、ということになります。経済的な豊かさには最大の関心を払うとしても、人は社会の一員として結婚、家族、友人、教育、職業、労働、趣味、余暇など様々な分野で活動をしており、それらから得られる「幸せ」にも関心を払うものです。たとえ経済的に豊かでなくとも、ここで述べた活動などで満足していれば、その人の人生は充分に幸福と考えてよいのではないか、ということになります。もしこの推測が正しいのなら、経済の効率性を高めて所得を最大にすることだけが政策目標とはなりえない、という提言も可能となります。

本書はこういう問題意識の下で、世界各国における人びとの幸福度、とりわけ私たち日本の国民がどのように「幸せ」を感じているかを丹念に分析するものです。さらに、デンマークとブータンという幸福度に関してもっとも重要で興味深い国を詳しく検討して、日本がこれらの国から学ぶことがあるかどうかを議論するものです。

その他にも本書には次のような特色があります。第一に、人が自己の「幸せ」を意思表示するときに、その人の性格が大きく左右しているのではないかと類推して、人の心理的な要因と幸福度の関係に注意して分析を行います。

第二に、本書は経済学の書物であることから、経済学が「幸せ」をどのように理解して分析してきたかを経済学史として評価します。特に定常経済の思想が「幸せ」を分析するのに有用なので、この思想を詳しく議論することにします。

第三に、日本をはじめ世界の多くの国で所得格差が大きくなっていることに鑑み、格差の大きいことや強者と弱者の存在が人びとの幸福度にどのような影響を与えているかを分析します。日本において格差社会の論争の口火を切った著者として、格差と幸福度の関係を論じることには思い入れがあります。

第四に、もし経済だけで「幸せ」が得られないのであれば、どういう政策が人の幸福度を高めることに寄与するのか、ということを論じることにします。ついでながらこれに関して、人の心理的な側面から幸福度を高めるといったことに接近できないかということと、日本を含めた先進諸国の政府の役割も比較検討します。

日本は少子・高齢化時代に入って、そのままにしておけばマイナスの経済成長率が自然な帰結でありますす。そこで弱くなる経済を避けるために、経済効率を良くして成長率を高めようとする議論が盛んです。その背後には、経済成長率が高ければ、人びとの「幸せ」は高まるのではないかという信念があるように思えます。この信念が正しいかどうかを、本書は様々な視点から検討します。

読者の一人ひとりの方が、「幸せ」と経済学の関係について考える資料となれば幸いです。

目　次

序章
「幸せ」とは何だろうか

幸福論の系譜

この本の目的は経済学で「幸せ」をどう捉えるべきかを考えるものですが、まず古今東西の碩学たちが「幸せ」をどう考えてきたかを紹介します。

幸福は古い時代から哲学者によって論じられてきたように、人間にとって最大の関心事であったと言ってよいでしょう。例えば、ギリシャ哲学のアリストテレスは、「幸福とはあらゆる中で最も望ましいことであるし、最高善である」と述べているので、追求に値することと主張しています。ただし、ギリシャ哲学が考えたのは「市民」だけの「幸せ」であって、身分の低い奴隷の「幸せ」は眼中になかったので、一面的な見方しかしていなかったのであり、人類全体の「幸せ」についてはかなり後の時代のこと、となります。

第二はカール・ブッセです。京都大学で文学を教えていた上田敏さんの訳「山のあなたの空遠く、幸い住むと人のいう」という誰でも知っている有名な詩の作者で、ドイツ本国でよりも日本の方で有名です。みんなが幸せを求めた旅に出たけれども、結局見つけられずに帰ってきたという話です。言ってみれば、幸福は遠いところにあるもので、みんながあこがれの形で幸せを考えるのだということを言っていると理解すればいいと思います。

第三に、ベルギー出身の作家メーテルリンクの有名な『青い鳥』という戯曲で、チルチルとミチルという二人の兄妹が、あちこちを旅しながら幸せの青い鳥を探す物語です。一所懸命探しても結局どこにも青い鳥はいなかったということがわかって、がっかりして自分の家に帰ってくると、何と自分の飼っていたキジ鳥が突如として青い鳥に変わるという物語です。幸せというものは遠いところを一所懸命探して歩くものではなくて、自分の身近にあるということになります。ところがその青い鳥は、見つけた途端に飛んでいってしまいます。このストーリーから私が考えるに、幸福を感じたと思ったら、即不幸の始まりだということをメーテルリンクは述べたかったのではないでしょうか。

メーテルリンクに関して、もう一つの私の好きなフランスの作家、アルベール・カミュの『シシュフォスの神話』に登場するシシュフォスの運命から幸福を論じておきましょう。ギリシャ神話に由来する物語ですが、シシュフォスは神から罰を与えられる。山頂から転げ落ちる巨石を何度も持ち上げて頂上に持って行こうとするが、すぐにその石は転落し、むなしい作業を何度も繰り返す。頂上に「幸せ」があるかもしれず、それを求める作業を繰り返すが、幸福を手にすることはできない、とカミュは言いたかった、と解釈できるのではないでしょうか。

最後に、有名な三大幸福論について触れます。スイス人のヒルティ、フランス人のアラン、それからイギリス人のラッセルがそれぞれ幸福論を書いています。ごく簡単にまとめると、ヒルティの幸福論は、宗教哲学者らしくキリスト教的宗教観に基づいて、神を信じて宗教を大事にし、質素な生活で享楽を排除することが幸福につながるとしました。アランの幸福論は、健全な身体と心の平静が幸福につながるとし、たとえ苦しいことがあってもあれこれ悩むよりも、明るく振る舞う方がよいとした、いわば精神論的なものです。ラッセルは、精神論的な幸福を論じるよりも、人間の実際の生活に即したことから幸福を見ています。自分の中に閉じ込もるだけでなく、外に目を向けて役立つ仕事をすることが、幸福につながるという、実践的な幸福論だと理解していいでしょう。

アメリカでは

アメリカの教育学者、ジョン・デューイは、教育は英語、国語、社会、算数、理科といった学問ばかりではない、職業教育、技能教育もあると言っています。つまり手に技能を蓄えて、職業生活を有効に送ることのできる人を作る教育も大事だと言ったことで非常に有名です。彼は、個人が幸福と感じるような教育を行うというのはなかなか難しいということを言っていると私は解釈しています。さらに『自然論』などで著名なアメリカの文人・哲人エマーソンは、幸福を自分で勝ち得た時、勝ち得たという満足を得ることよりも、追求する努力をしているプロセスが大事だということを言っている人です。

アメリカでは経済学者が幸福に関して貢献をしています。ヴェブレンは富豪が他人への「見せびらかし」のために華美な消費生活をしている姿を批判したことで有名です。幸福との関係で評価すれば、派手で豪華な消費をすることが必ずしも人を幸せにするものではない、という主張につながる学説の根拠になったのです。もう一人はイースタリングで、「相対所得仮説」を主張して、人びとが消費から得られる満足感、あるいは幸福感は他人の消費と比較して決められるとしました。後になって所得の高くなることが必ずしも生活満足感につながらない、という説の出発点となりました。

日本の幸福論

では日本人は幸福についてどう考えていたのでしょうか。いくつかの例を紹介すれば、まず民俗学の柳田国男は、先祖代々の家を守るということが、日本国民の幸せにつながると考えていました。童話作家の宮沢賢治は、『銀河鉄道の夜』という非常に有名な作品の中で、宇宙と対話することで幸福を語っています。芥川龍之介は希望や絶望よりも、ぼんやりとした不安が一番やっかいだと言っています。

しかし、私は、むしろ「清貧の思想」が日本人特有の独創的な幸福感ではないかと解釈しています。平安時代から鎌倉時代にかけて活躍した、武士出身で歌人の西行、『方丈記』を書いた神官出身の鴨長明、『徒然草』の吉田兼好、江戸時代の良寛和尚、歌人の橘曙覧等々。『清貧の思想』の著者、中野孝次さんも書いているように、彼らは、日々の生活は食べていけるだけでいい、最低限の生活を送ればいいと言っていますが、彼らは非常に文才があって、歌を作ったり随筆を書いたりして最高の人生を送ったのだと思います。ただ、彼らはたまたま優れた文才があって、文人としてすばらしい作品を残したという意味で価値はあるけれど、我々凡人にとっては後世に残るような作品はなかなか書けないものですから、彼らが言う極貧の生活でいいというだけでは駄目でしょう。もう少し水準の高い経済生活、もう少し豊かな生活を追求してもいいのではないか、というふうに私は逆に解釈しています。もっとも華美な消費に走るような贅沢な経済生活だけは避けねばならない、ということは本書のいくつかの場所で主張します。

最近の作品として、作家・五木寛之の『下山の思想』に言及しておきます。経済的な豊かさを手に入れた日本人は、これ以上のものを求めて何を得たいのか、と警鐘を鳴らしています。これまでの日本は上を求めて必死に登山をしてきたわけですが、頂上を極めた今となっては、優雅にかつのびやかに下山することの方が肝要な時期という主張です。山岳愛好家によると、山を登るときよりも山を下りるときの方が、リスクを伴うので注意深さが必要といいます。「成熟」を達成した日本人は、これからどのように生きて幸福を求めるのか、悲惨さがなく優雅に下山することが幸福につながるのではないか、と五木は主張しているように思えます。

このようにいろいろな国の哲人、文人、経済学者が幸福論を展開していることがわかりますが、どの説が正しくてどの説がおかしいということは決定出来ません。自分が共鳴できる主張が見つかればそれで充分なのではないでしょうか。

第1章
世界の人びとは「幸せ」をどう考えているか

最近になって世界各国において人びとの幸福度が測定されています。本章ではそれらのうち代表的な研究成果を展望することによって、何を幸福測定の基準とするか、そしてどの国の人びとが「幸せ」を感じているかを知ろうとします。同時に日本人の「幸せ」度の世界における相対的位置に注目します。さらに世界各国の研究例から人びとはどの分野で、あるいは何をしているときに幸福を感じるかを議論します。

1　幸福を測る指標

世界各国の人びとは、どのように幸せを感じているのでしょうか。それをどのような指標で測り比較すればいいのでしょうか。その近年の歴史をひもといてみると、いくつもの指標が提案されてきていますが、主立ったものを紹介します。

まず、一九七二年、オイルショックの始まる一年前にローマクラブが「成長の限界」、すなわち「もう経済成長ばかり追い求めるな」という提案をしました。これは天然資源の枯渇の恐れ、環境問題が深刻になりつつあることへの対処策でした。日本でも「くたばれＧＮＰ」という言葉がはやりました。もう経済成長をしなくてもいいという考え方のはしりだったのかもしれません。

次にノードハウスとジェームス・トービン――一九八一年のノーベル経済学賞受賞者――という二人のアメリカの経済学者が、Measures of Economic Welfare という指標を提唱しました。従来の経済活動だけでなく、消費サービス――例えば、教育、医療、保健といったサービスの分野、あるいは余暇――、経済学的にはそれまで無償労働と評価されていた家事労働などをＧＮＰに加えて評価しよう、というのが彼ら二人の主張でした。

その考え方に刺激を受けて一九七三年、日本でもこの考え方を取り入れる動きが出てきました。

政府の経済問題を扱う経済審議会が、ＮＮＷ（Net National Welfare）という概念を提唱しました。家事労働を組み込み、逆に環境大気汚染などで問題が深刻となった日本では、環境のマイナス効果という負荷をＧＮＰから差し引くという考え方で、どれだけ国民が幸せかという指標を目指したものでした。実際に計算したと思われますが、どんな数字が出てきたのか四〇年前の成果ですのであまり記憶にありません。

第四に、国連開発計画（ＵＮＤＰ）がＨＤＩ（Human Development Index）という概念を提起しました。これはインド出身で一九九八年にノーベル経済学賞を受賞したアマルティア・センによる、潜在能力（いわゆるケーパビリティ）という考え方がベースになっています。すなわち、衣食住だけでなく、医療、教育、寿命といった問題まで考慮すると、人間の幸福はＧＤＰだけでは測れないという概念で、実際に計測されています。

ただ、九〇、一〇〇歳まで生きて、例えば認知症が進行して自分では何もわからない状態で生きているのが本当に幸福か、そして周囲の人たちがどれだけの介護という苦労をしているかということも考慮すると、センが長寿も非常に大事な指標だと考えたことには多少の疑問を感じます。センの母国インドの平均余命は先進国ほどには長くないので、長寿が重要な指標であるということはわかりますが、日本のような長寿大国には当てはまらないかもしれません。

第五に、英国にあるNew Economic Foundationが、二〇〇六年にHappy Planet Indexという指標を出しました。ここでも平均余命が、センに倣ってポジティブに評価されています。Ecological Footprint（ＥＦ）という、環境にどれだけの負荷がかかっているかという新しい指標を分母に入れています。ＥＦとは、カナダのＷ・リースとＭ・ワケナゲルが主張した概念です。ある地域の経済活動ないし消費活動を長期的に保障するために必要とされる生産可能な土地、および水域面積の合計と定義されます。すなわち、生産能力以上の環境負荷があれば生産を抑制することが好ましい、ということになりますので、環境破壊が多ければ指数が下がるようになっています。この時期から環境問題が重要なファクターになってきて、ＧＤＰが高くなり国民が豊かになっても環境を破壊していたらマイナス要因ではないかという考え方を積極的に組み入れながら、生活の質や幸福度を測らなければいけないという概念が強くなってきたのです。

第六に、パリに本部がある、三四か国の主に先進国が加盟している経済協力開発機構（ＯＥＣＤ）が出している Your Better Life Index があります。これは後述しますが、住宅・収入といった項目に点数を付けて幸福度を評価するものです。

第七は、一九七六年に登場して世界に衝撃を与えたブータンの国民総幸福（Gloss National Happiness）という概念です。ブータンは当時非常に貧しい国でしたが、国民の九七％が自分は幸福だと答えていました。しかし、その三四年後の二〇一〇年にブータン自身が後に紹介する九つの変数を用いて国民の幸福度を評価したところ、ブータンの人の幸福度は半分以下に落ちていました。考えるに、七〇年代のブータンの人たちは、他国の人たちがどれだけ経済的に豊かな生活をしているか知る機会がなかったけれども、その後、ブータンの人たちもそこそこに豊かになり、テレビやインターネットで、世界各国の事情を知るようになって、自分たちはまだまだ豊かではないと感じて、幸福度はあまり高くないという結果になったのではないでしょうか。

このことは、冷戦終焉直前の東ドイツ、ポーランド、チェコ・スロヴァキア、ハンガリーといった東欧の人びとが、テレビなどで西側の生活を見て、自分達の生活がいかに悲惨であるかを知ることとなり、それが最後には東西の壁を崩した話と通底します。すなわち情報が大事であることを示しています。なお、ブータンについては後に詳しく再述します。

2　幸福の国際比較

では、世界でどこの国の人の幸福度が高いのか、具体的な例をいくつか紹介しましょう。

まず**表1－1**は、イギリスのレスター大学が二〇〇六年に一七八か国を対象に行った研究をもとに、国々の幸福度をランキングしたもので、ベスト二〇か国が列挙されているものです。この調査は、(1)良好な健康管理、(2)高いGDP、(3)教育の機会、(4)景観の芸術的美しさ、(5)国民の強い同一性、(6)国民の信仰心、などを基準にして計測したものです。第一位はデンマークであり、スイス、オーストリア、アイスランドなどが続きます。ちなみにアメリカは二三位、ドイツは三五位、イギリスは四一位、フランスは六四位、中国は八二位です。日本は九〇位にいるのでほぼ中間の幸福度と評価できるし、大国インドやロシアは、日本より下位にいます。日本の幸福度は世界の中では高くもなく低くもなく、そこそこの幸福度と理解できます。

ここで述べた六つの基準で国民の幸福度を計測することの普遍性については、異論があると思います。例えば、先進国と発展途上国の間ではGDPをどれだけ大切と思うかによってウェイトの掛け方が異なるでしょうし、景観の美しさや信仰心といったことはそれを重視する国民と重視しない国民との差もあるでしょう。しかし一七八か国という数多い標本を対象にするなら、すべての国に共通の基準を考えるのは不可能なので、ある程度の恣意性は避けられず、ここではその点に関しては論じないことにします。

次は世界の五七か国でアンケートを採った結果です。「非常に幸せ」、「やや幸せ」を併せた割合で多い順番に並べた**図1－1**を見ると、トップからニュージーランド、ノルウェー、スウェーデン、カナダ、マレーシア、オランダ、スイスと続いていて、日本は二四番目ですのでここでも中間あた

表1-1　幸福度ランキングベスト20か国

1	デンマーク
2	スイス
3	オーストリア
4	アイスランド
5	バハマ
6	フィンランド
7	スウェーデン
8	ブータン
9	ブルネイ
10	カナダ
11	アイルランド
12	ルクセンブルク
13	コスタリカ
14	マルタ共和国
15	オランダ
16	アンティグア・バーブーダ
17	マレーシア
18	ニュージーランド
19	ノルウェー
20	セーシェル共和国

注)ランキング外では23位アメリカ，35位ドイツ，41位イギリス，64位フランス，82位中国，90位日本，125位インド，167位ロシア．

出所)『クーリエ・ジャポン』(講談社)2010年7月号，119頁．

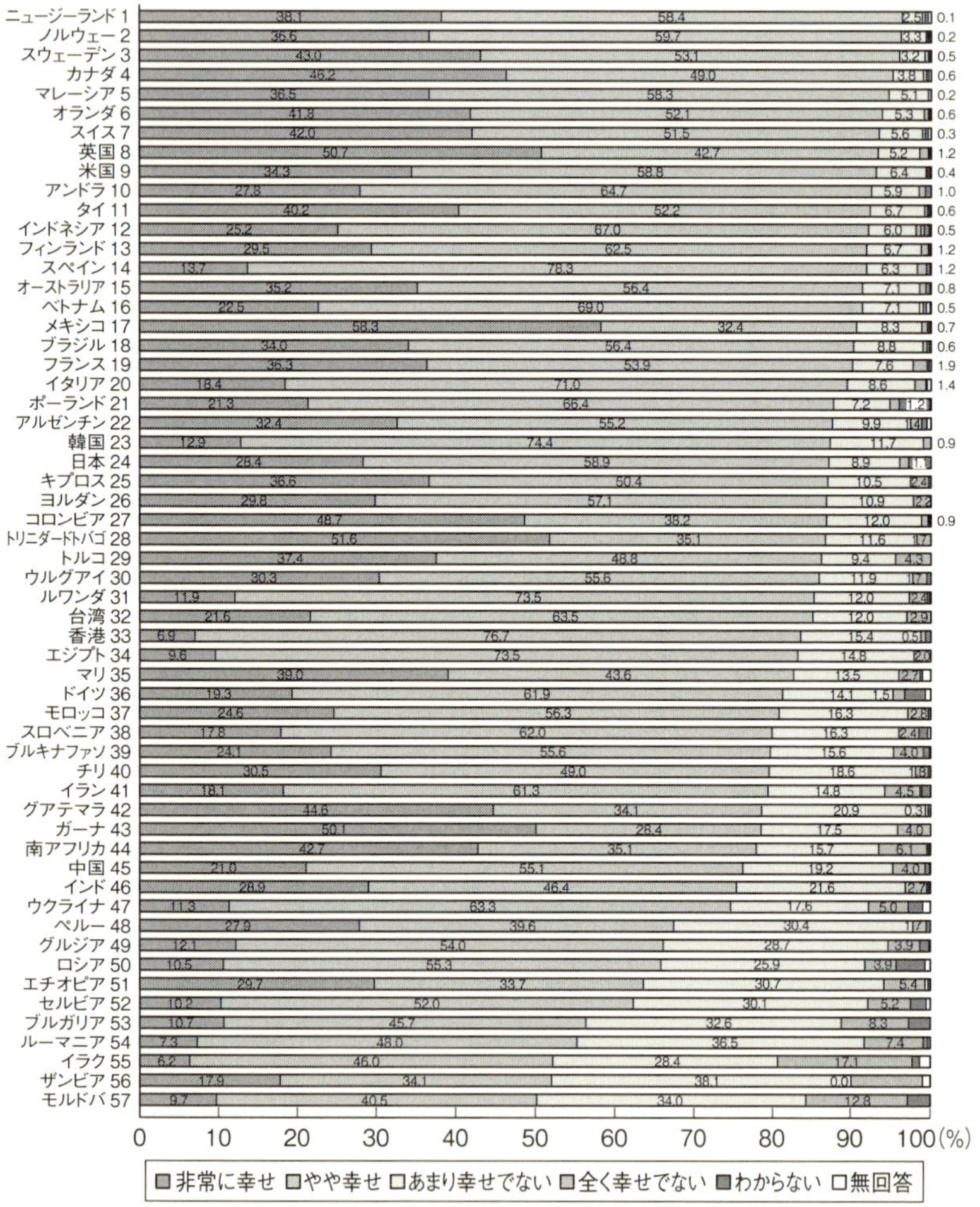

注)各国の全国 18 歳以上男女 1,000～2,000 サンプル程度の回収を基本とした意識調査の結果．幸福度を「非常に幸せ」「やや幸せ」の合計ととらえ，その大きい順にソート．「分からない」，「無回答」の数値は非表示．

出所)World Values Survey HP（2011. 1. 2）．

図 1-1　幸福度の国際比較(2005 年前後)

りにいます。ちなみにデンマークはこの図では考慮されていません。下の方に行けば、確かに発展途上国が多く、逆に上位の国を見ると、割合ＧＤＰが高い国が多数を占めています。何となく経済が豊かな方が幸福度は高いのではないか、という印象がこの表から得られます。

次に、先ほど紹介したＯＥＣＤの Your Better Life Index に基づく結果を見ましょう。これは**表1－2**で示されます。ＯＥＣＤが先進国中心の加盟三四か国で、住宅、収入、雇用、コミュニティ、教育、環境、ガバナンス(これは政治のことでしょう)、健康、生活満足度、安全、ワークライフバランスの一一項目について調べたアンケート調査の結果です。日本は先進国というグループの中でも一九番目――ほぼ真ん中――という特徴が読み取れます。

この表で一番面白いのは、どの分野で日本人がいい生活を送っていると自己診断しているかというところです。一番日本人が評価しているのは九・七の安全です。犯罪数がそれほど多くないということからの高い評価です。ただ福島第一原発事故のあった東日本大震災以前のアンケートですから、これが入っていたら別の結果が出ていたかもしれません。ついで高いのは八・八の教育です。日本の義務教育はほぼ完成していますし、高等学校への進学率も九七％、大学進学率も同世代の五割を超していますので、教育もかなりうまくいっているという評価です。

逆に低いのは三・七の収入です。生活満足度も四・五で低いです。「失われた二〇年」と言われるように、経済不振によって国民の所得の伸びないことが響いているのでしょう。あるいは格差社会、あるいは貧困社会と言われたような状況から、非常に低い所得の人がかなりいて、あまり自分の所

表 1-2　良き生活実感

平均順位		住宅	収入	雇用	コミュニティ	教育	環境	ガバナンス	健康	生活満足度	安全	ワークライフバランス
1	オーストラリア	9.3	3.2	8.4	8.8	7.2	9.2	9.4	8.9	9.0	9.2	6.5
2	カナダ	9.6	4.0	8.4	8.7	9.0	9.1	5.6	8.7	9.6	9.2	7.1
3	スウェーデン	8.0	3.4	8.3	9.2	7.6	10.0	8.2	8.2	9.0	8.1	8.1
4	ニュージーランド	9.3	1.7	8.7	9.7	7.6	9.7	7.6	8.7	8.0	9.1	6.8
5	ノルウェー	8.3	2.9	9.3	7.6	7.6	8.9	6.3	8.0	9.3	9.0	8.8
6	デンマーク	8.3	2.6	8.4	9.5	6.7	8.8	6.7	6.5	10.0	8.4	9.1
7	米　国	9.3	6.5	6.6	7.1	8.0	8.2	7.7	7.2	8.0	7.6	6.9
8	スイス	7.7	4.9	9.1	7.6	7.9	7.6	3.3	8.9	9.0	8.6	8.2
9	オランダ	8.6	3.8	8.7	8.5	7.2	6.0	5.5	7.8	9.0	8.2	8.7
	フィンランド	8.0	2.5	7.2	7.7	9.0	9.1	6.4	6.5	8.7	8.5	8.4
11	ルクセンブルク	8.0	10.0	7.2	8.6	5.2	9.5	2.9	7.5	7.7	8.2	7.0
12	アイスランド	7.4	2.1	9.1	10.0	6.1	9.2	5.4	8.4	7.0	9.5	7.1
13	英　国	7.9	4.0	7.1	8.5	6.3	9.5	6.3	7.1	7.4	8.5	7.0
14	オーストリア	7.3	3.7	8.3	8.4	6.1	6.3	6.2	7.0	8.3	9.1	7.0
	アイルランド	8.8	2.7	3.4	9.8	6.3	9.6	5.6	8.0	8.3	8.6	6.6
16	ドイツ	7.4	3.7	6.9	7.8	7.7	8.8	4.4	6.4	6.4	8.8	8.0
17	ベルギー	9.2	4.1	5.1	7.3	6.8	7.8	5.8	7.2	7.0	7.0	8.4
18	フランス	7.8	3.6	5.6	8.0	6.4	9.5	4.5	7.5	6.7	8.0	7.7
19	日　本	6.1	3.7	7.5	5.7	8.8	6.7	4.8	5.1	4.5	9.7	4.1
20	イスラエル	4.7	3.0	5.9	7.5	6.3	6.6	2.0	8.2	8.7	8.3	5.0
21	スロベニア	5.9	2.0	6.3	6.3	6.8	6.3	5.9	5.2	4.5	8.8	7.4
22	スペイン	8.3	2.5	1.8	8.1	4.2	6.6	5.6	7.4	4.8	8.5	6.9
23	チェコ	6.4	1.3	6.1	5.3	7.3	8.4	4.2	5.1	4.8	8.3	7.2
24	イタリア	6.8	3.4	4.3	3.8	4.6	7.4	5.0	7.0	5.4	8.2	6.6
25	ポーランド	4.4	0.8	5.6	7.1	7.9	5.1	5.2	3.3	3.5	9.1	6.6
26	韓　国	4.4	1.5	7.6	0.5	9.0	6.0	5.9	4.5	4.5	8.7	5.6
27	ギリシャ	5.8	2.1	3.9	3.8	5.1	5.7	5.1	7.3	3.5	8.6	6.9
28	スロバキア	5.7	0.9	2.2	5.7	7.2	9.4	3.1	0.6	4.5	8.4	6.9
29	ハンガリー	3.7	0.9	3.2	5.2	7.1	9.0	4.8	2.1	0.0	8.4	6.9
30	ポルトガル	6.5	2.0	4.7	2.3	2.8	7.9	4.0	4.6	0.6	7.6	7.7
31	エストニア	2.8	0.8	2.9	3.0	8.1	9.5	2.1	2.3	1.2	5.4	7.3
32	チ　リ	3.9	0.0	6.5	3.4	4.2	0.0	4.2	4.4	6.1	3.4	5.7
33	メキシコ	3.6	0.7	7.1	4.4	0.4	5.6	4.7	3.7	6.7	0.0	3.3
34	トルコ	0.0	0.4	3.2	0.0	1.8	4.7	5.6	3.0	2.5	7.0	1.9

出所）http://gendai.ismedia.jp/articles/print/6844
出典）OECD (2011), Your Better Life Index.

得には満足していないということがわかります。ついでながら二番目に低い満足度に四・一のワークライフバランスがあります。働き過ぎの男性による不満と、働きたくとも子育て支援が不十分で悩む女性の不満から、このような結果になったと思われます。

ついでながら、可もなく不可もなしといった項目は、住宅、コミュニティ、環境、ガバナンス、健康、といったものです。住宅に関しては、住む家がないといった時代ではないものの良質な家にはまだ住めない、という現状の反映でしょう。不思議なのは健康で、長寿国の日本ならば満足しているように予想されますが、長生きも逆に病気や介護で苦しむので、そう幸福ではないと思っているのでしょうか。

次に、経済学では、所得が上がり、消費が上がると効用も上がるというのが前提でした。これを国際比較したのが**図1−2**です。

右上のグループは先進国です。日本人の満足度は、これまた真ん中あたりです。左下のグループはそう豊かでない国ですが、豊かな国でも、経済成長以外の要素が国民の幸福度に寄与するのではないかというのを想像させるのがこのグラフです。イラクやジンバブエ、ロシアの経済はそんなに豊かではなく、国民の不満度も高い国です。この三か国の上方のグループでは、幸福度の高い国もある一方で低い国もあるというのが特徴です。右上のグループを見ると、経済が豊かであるということは幸福の第一条件になっているとはいえ、日本やフランス、旧西ドイツは、デンマークやスウェーデンやスイスに比べると幸福度は低く、これは経済の豊かさだけでは、その国民の幸福度は測

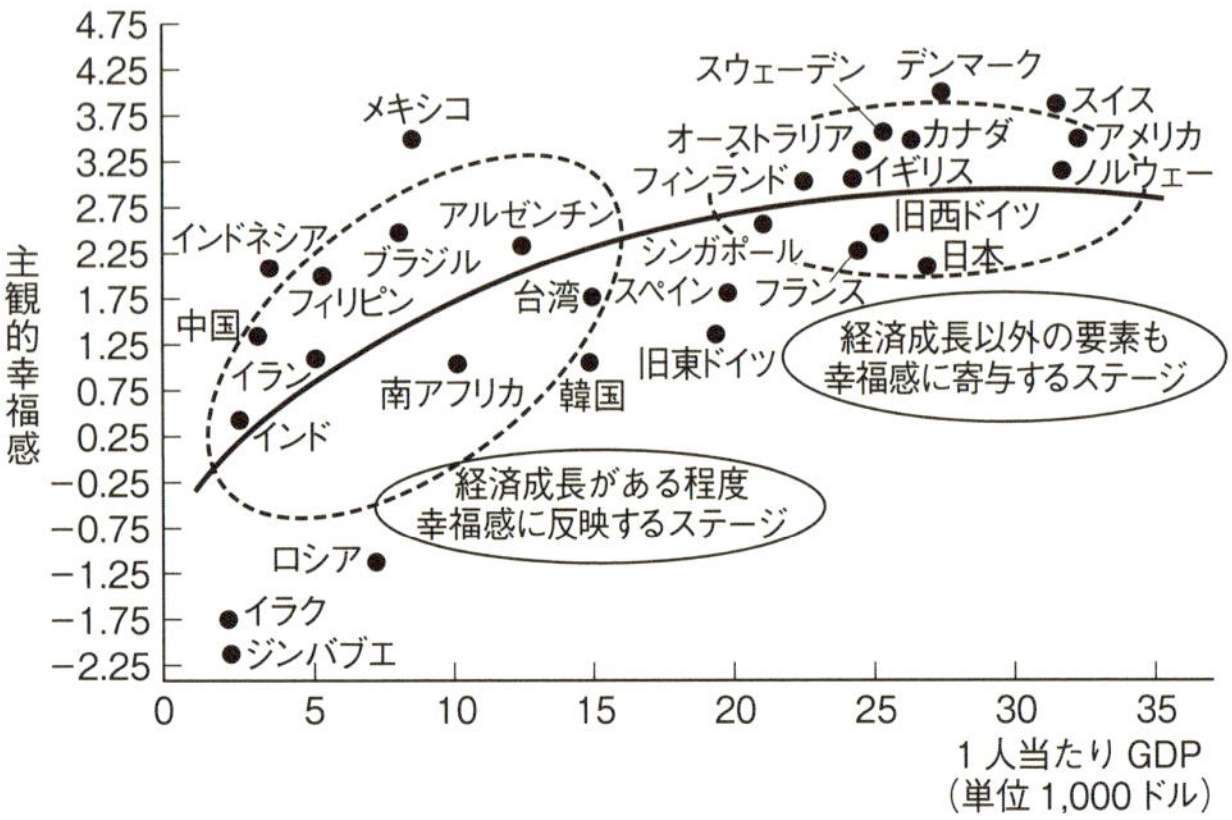

出所）電通総研「世界価値観調査」.
注）1995〜2007 年に 97 か国・地域を対象に実施した結果から一部抜粋.
縦軸は幸福感，生活満足度に関する設問を指標化.

図 1-2　経済成長と幸福感

れないということを示しているのではないかと思います。

ここで示したいくつかの図表を総合すると、オーストラリア、カナダ、スウェーデン、ニュージーランド、ノルウェー、デンマークといったオセアニア諸国と北欧諸国の国民の幸福度が高いというのがさしあたっての結論ではないでしょうか。

例えばオーストラリアやカナダの人びとがどの項目に満足度を感じているかといえば、環境、住宅、安全です。土地がふんだんにあるから、大きな家を手軽に立てられます。スウェーデン、ノルウェー、デンマークは、福祉国家という意味でワークライフバランスや、健康、社会保障、教育、環境問題で非常に安心感が強く、幸福度が高いのがわかります。

さらに、リチャード・レイヤードというロ

ンドン大学政治経済学部（ＬＳＥ）の専門家が、主に欧米諸国を対象にしてまとめた本に *Happiness*（幸福）というものがあります。いわゆる欧米人がどういう分野でどういう時に幸福度を感じているかを示したのが、以下の三つの図表です。ちなみにレイヤードが有する国籍のイギリスの幸福度は、先進国の中で先の**表1－2**では一三番目、日本の一九位よりは高いところにあります。

表1－3はアメリカの女性が誰と接している時が一番幸せかという結果です。アメリカ人の幸福度は先進国だけの中で七位と比較的高いグループに属しますが、最高水準ではありません。これによると一番目から友達、親戚、配偶者、子ども、お客、同僚、次いで一人でいる時、最後が職場の上役です。上役といる時が一番不幸だというのはまあ理解出来ます。

図1－3は、一日のうちで何時頃が一番幸福かというものです。これを見ると、夜中が一番幸せです。逆に朝起きた時が一番不幸、朝一番たたき起こされた時が不幸だというのはわからないでもありません。逆に食事も終わって家族と一緒にいる夜の時間が、一番ハッピーです。

表1－4では、何をやっている時が一番幸せかという結果です。第一位がセックス。次いで社会的な活動、リラックス、四番目がお祈り・説教・瞑想。さらに食事、運動、テレビ、買い物、料理、電話。だんだんと不幸度も高まっ

表1-3　アメリカ女性：誰と接している時が幸せか

相　手	平均幸福度	1日の平均時間
友人	3.7	2.6
親戚	3.4	1.0
配偶者	3.3	2.7
子ども	3.3	2.3
客	2.8	4.5
同僚	2.8	5.7
1人でいる時	2.7	3.4
上役	2.4	2.4

出所）R. Layard (2005).

て、育児はあまり楽しくないのでしょうか。そしてコンピュータ、Eメール、インターネットが低くなります。第2章で紹介する日本の結果とは異なっていて実に意外でした。最新のIT機器に接しているときはあまり幸せではないみたいですね。さらに家事、勤労。働くというのはアメリカの女性にとっては苦痛のようです。

ここまでのところで、所得が高い先進国でも、所得が高くなるにつれて必ずしも比例的に幸福感が増しているようではないことがわかってきました。ここで、このことを説明してくれるイースタ

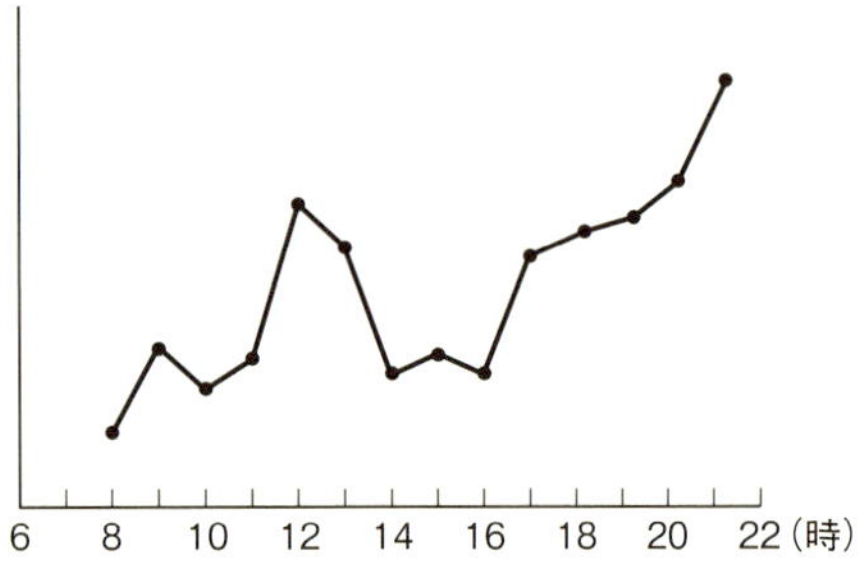

出所）表 1-3 に同じ.

図 1-3　1日のうちいつが幸せか

表 1-4　何をしている時幸せか

活　動	平均幸福度	1日の平均時間
セックス	4.7	0.2
社会的活動	4.0	2.3
リラックス	3.9	2.2
お祈り・説教・瞑想	3.8	0.4
食事	3.8	2.2
運動	3.8	0.2
テレビ	3.6	2.2
買物	3.2	0.4
料理	3.2	1.1
電話	3.1	2.5
育児	3.0	1.1
コンピュータ・eメール・インターネット	3.0	1.9
家事	3.0	1.1
勤労	2.7	6.9
通勤	2.6	1.6

出所）表 1-3 に同じ.

リング仮説を紹介します。これは、アメリカの経済学者イースタリングが主張したもので、その第一が相対所得仮説、第二が順応仮説です。

まず相対所得仮説とは、自分の所得を周りの人と比較して、自分の幸福度、不幸度を感じるというものです。もしかつての日本のように所得分配の平等度が高い場合、みんなの所得が同じように増えるのであれば、さほど幸福とも感じないけれども、他方そんなに不幸とも感じないと考えられます。ところが、隣の人の所得が増えて、大きな家を建てて外車を買い、別荘も購入したということを見ると、俺はどうも不幸だ、恵まれていないなと思う確率は高くなるというのが相対所得仮説です。

私は、日本では一九八〇年代から格差社会が始まったと言ってきた一人ですから、このことをうまく説明出来ます。一人当たりの実質所得は上がって平均的には豊かになってきているけれども、格差が広がっているのも事実です。つまり一つの仮説として、所得格差の大きい国ほど国民の生活満足度が低くなる可能性があります。そうすると、格差の下にいる人は、満足度が下がるでしょう。この格差が幸福度に与える影響については第4章で詳しく論じます。

次にもう一つの順応仮説ですが、一言で言えば人は条件の変化にすぐ対応するというものです。仮に去年の所得よりも今年の所得がかなり増えたとしましょう。その時、幸福度はやや高まるかもしれないとしても、もうそれに慣れてしまうわけです。俺の所得はこれだけだと思ったら、もう去年の所得は忘れてしまうということです。

すると、格差の拡大によって、相対所得仮説では貧困にいる人の数が増えて、その人びとの不幸度が高まったことになりますが、他方、格差の上方にいる人は、所得が昨年より増加しても昨年のことは忘れて、所得の増加が当然と思って、あまり幸福度を感じません。高所得者の人は順応仮説で幸福度があまり上がらず、低所得者の人は相対所得仮説で、ますます不幸感が高まります。一人当たりＧＤＰは高くなっているから、国民の幸福度は上がるだろうという予想がはずれ、生活満足度、幸福度が落ちている事実を、この二つの仮説で説明できると私は判断しています。

第2章

日本人は「幸せ」をどう考えているか

日本人が「幸せ」をどう捉えているかを議論することがこの章の目的です。まず日本では地域間格差が大きいという認識がありますが、これとそれぞれの地域に住む人びとの幸福感との関係、そして企業の役割を分析します。次に、日本人にあっては誰がどのようなことに「幸せ」を感じているかを提示します。最後に、人びとの性格の違いが幸福感の意思表示にどのような影響を与えているかに注目します。

1　日本の地域間格差

東京一極集中

私は、「幸せ」について研究する前に、格差について相当に深く分析してきました。日本において誰がどのようなことに「幸せ」を感じているかを紹介する前に、少し日本の地域間格差について述べたいと思います。

所得、幸福度、企業の集中度、あるいはすべての経済活動において、地域間格差がどれだけあるのかをまず示して、最後にこれがどのように地域間の幸福度に反映されているかを見ていきます。

まず**図2－1**によって、今から一七年前の一九九六年から二〇〇八年まで、右肩上がりで地域間の所得格差が拡大していることがわかります。次いで**図2－2**は都道府県別一人当たり所得ですが、東京都が他の道府県よりも遥かに高く、沖縄と比べると二倍前後の所得格差があることを示しています。

では、具体的にどういう分野で東京に集中しているかを示したのが、**表2－1**です。東京株式市場における上場企業数の六割前後が東京に本社をもち、その中で集中度が高いのは、情報サービス業と広告業です。具体的にはマスコミ、新聞社、テレビ会社、出版社、広告会社です。テレビ局を

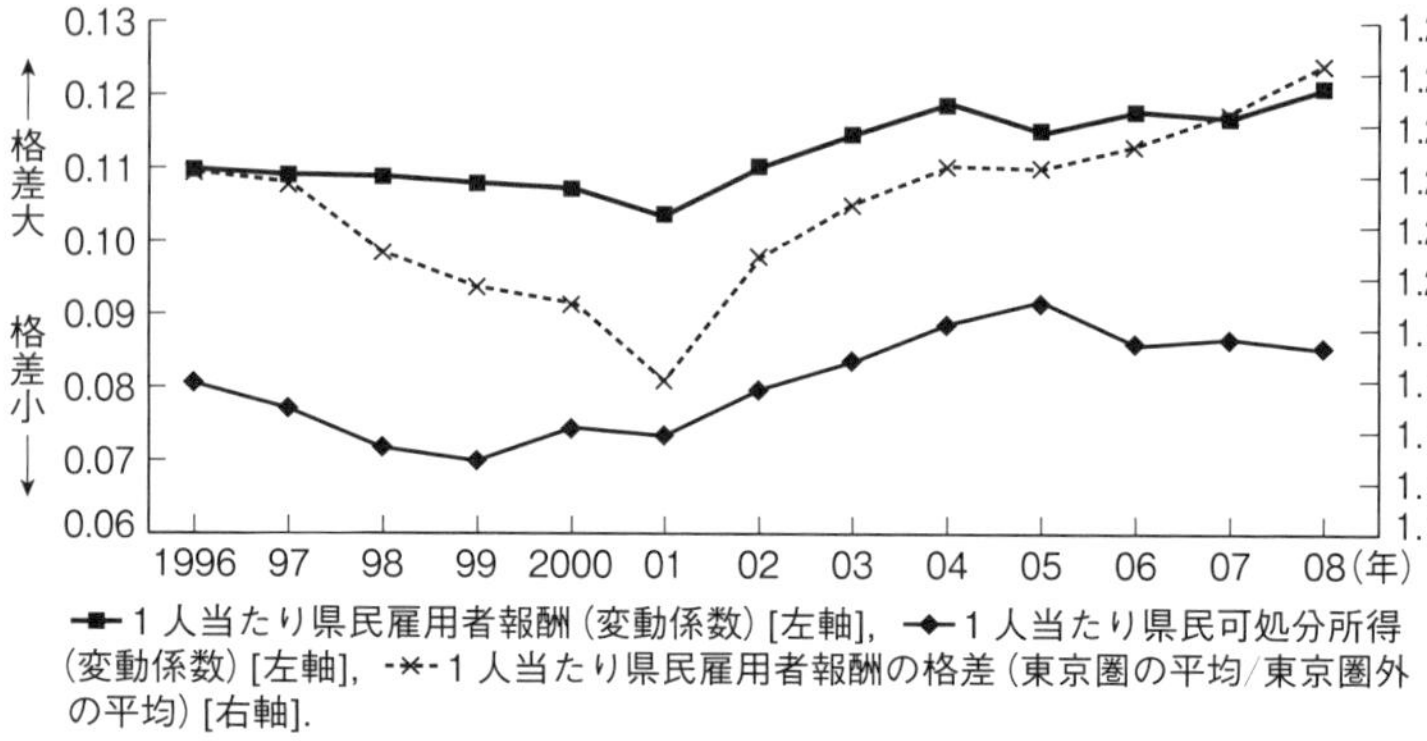

注)内閣府「県民経済計算」(各年度版)より推定.

図 2-1　地域間所得格差(1 人当たり)の推移

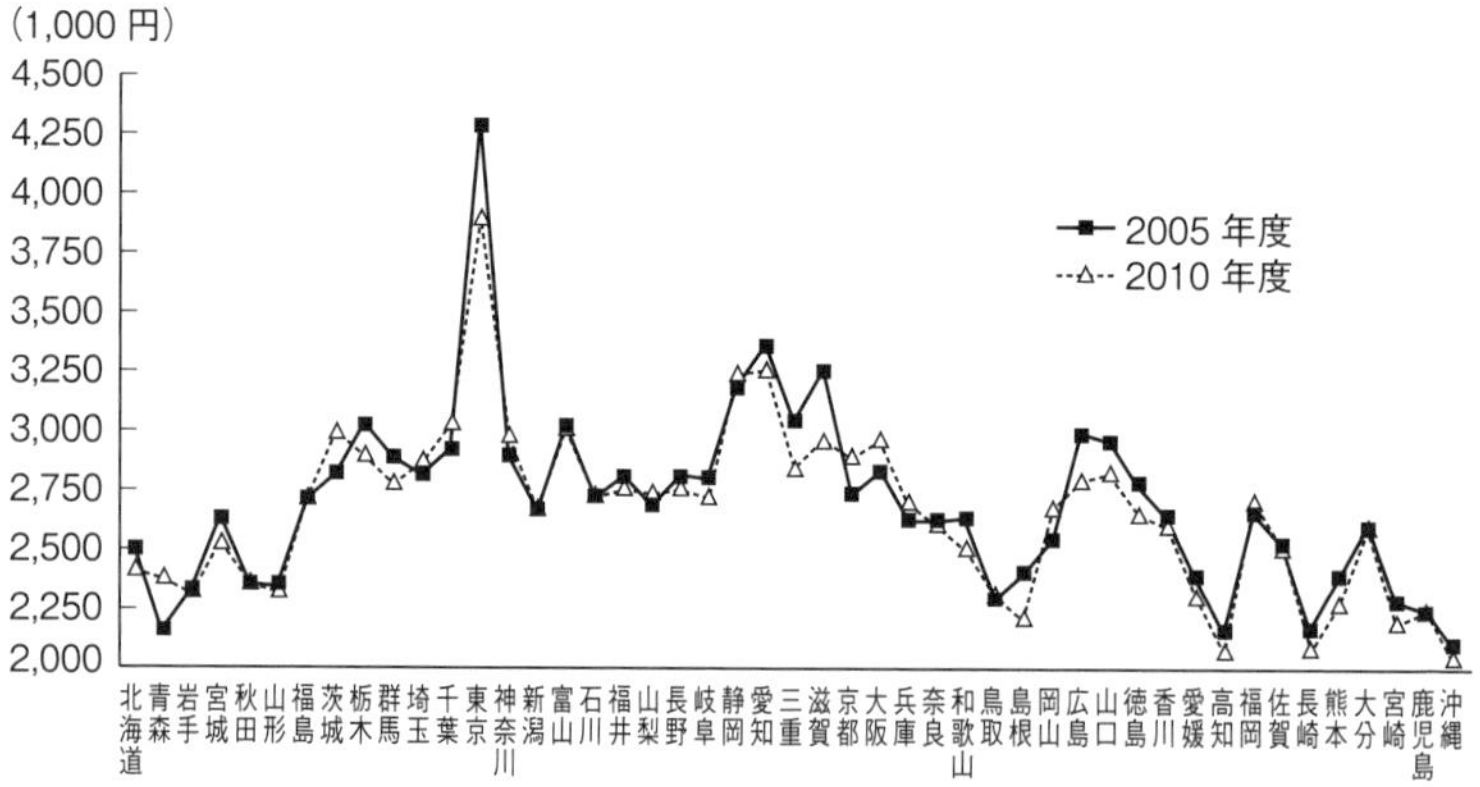

＊全国(2005 年)の物価水準＝100 として 1 人当たりの県民所得を実質化.
注)内閣府経済社会総合研究所「県民経済計算年報」(各年度版)をもとに作成.

図 2-2　都道府県別にみた 1 人当たり県民所得(実質, 2005 年度, 2010 年度)

表 2-1 東京圏が全国比で占める割合

変 数	年度	単位	全国計(A)	東京圏(B)	B/A(%)
総面積	2008	km^2	377,944	13,557	3.6
人口	2008	千人	127,076	34,617	27.2
東京圏内総生産	2007	10億円	520,292	165,020	31.7
1人当たり県民所得(東京圏)	2007	千円	3,059	3,633	118.8
1人当たり県民所得(東京都のみ)	〃	〃	3,059	4,540	148.4
1人当たり雇用者報酬(東京圏)	2007	千円	4,868	5,574	114.5
1人当たり雇用者報酬(東京都のみ)	〃	〃	4,868	6,383	131.1
東証上場企業数	2008	〃	2,373	1,524	64.2
うち第一部	〃	〃	1,714	1,071	62.5
うち第二部	〃	〃	463	290	62.6
地方政府歳入のうち地方税	2007		43.1%	70.7%	
銀行預金残高	2008	10億円	564,702	244,229	43.2
銀行貸出金残高	〃	〃	422,247	218,397	51.8
情報サービス業売上高	〃	〃	15,466	11,392	73.7
広告業売上高	〃	〃	8,537	5,448	63.9
大学生数	2009	千人	2,846	1,156	40.6

注)東京圏とは，東京都，埼玉県，千葉県，神奈川県をさす．
出所)日本政策投資銀行地域企画部地域振興グループ(2010)『地域ハンドブック 2010年度版――地域データと政策情報』，東洋経済新報社(2011)『週刊東洋経済増刊 地域経済総覧 2011』．

例に取ってみると、いわゆるキー局といわれる局は全部東京にあって、その他の地方局は、だいたいが東京のキー局が作った番組を主として放送しています。また巨大新聞といわれる新聞の本社機能――昔は大阪に朝日新聞や毎日新聞の本社があったのですが――も東京に移っています。いわゆる情報発信機関であるマスコミの東京集中がたいへん激しいというのがこの表でわかります。一つだけ象徴的な例をあげると、東京で雪が一センチ積もった時に、全国ニュースのトップで出ます。全国ネットでそのニュースを見る地方の人は、なぜそれがトップニュースなのか不思議な感じです。東京ローカルニュースで流せ、という声はよく地方で聞きます。

最後に大学生数もまた東京圏に集中しています。四割の大学生が東京圏にいるという事実は、他の先進諸国の首都に比べてきわめて高い数値です。

私のように京都の大学に長く勤めていると、研究と教育をする機関である大学が東京という混雑して騒音に満ちたところにある必要はなくて、むしろ欧米の大学のように静かな地域での大学というように、地方分散した方がいいと思います。

なぜ東京圏に学生が集中しているか、まずは大学がそこにあるから、次に地方出身の学生は一度だけでもいいから都会生活のできる東京に住んでみたいという希望があるようです。確かに東京には刺激があり、アルバイト先も多くあって学費も稼ぎやすいのでしょう。ただ、出来れば卒業後地方に戻って仕事をしたいという学生が多いのですが、地方には仕事が少ないので、東京に残らざるをえないというのが日本の現実です。

どこに地域間格差があるのか

私が二〇〇八年に、地域移動と生活環境に関する大規模なアンケート調査を行った結果を紹介します。アンケートの配布先は大きく分けて二つ、一つは地域住民、もう一つは地域で事業をしている企業です。

図2-3から**図2-6**のようにまず地域を北海道・東北から、南九州まで一一に分けました。関

東Ⅰは東京を中心に埼玉・千葉・神奈川、関東Ⅱは茨城・栃木・群馬、近畿Ⅰは京都・大阪・兵庫、近畿Ⅱは滋賀・奈良・和歌山です。

図は、まず自分の住んでいる地域の、所得、雇用、自然環境、住環境について評価してもらった結果です。まず所得について、関東Ⅰ、近畿Ⅰ、東海、いわゆる三大都市圏と言われる地域に住む人たちが、自分の住んでいる地域の所得は高いと判断しています。第二に、自分の地域の雇用の有

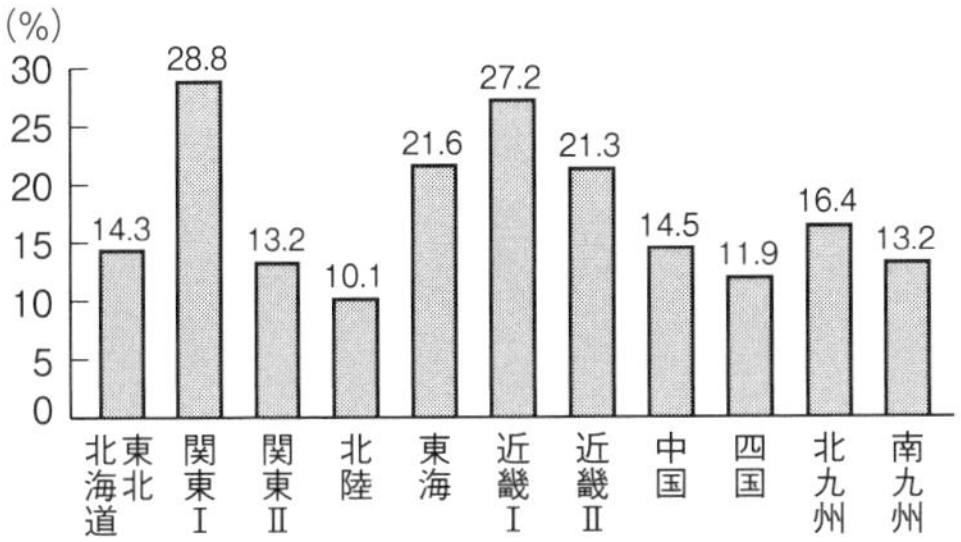

現在お住まいの地域は「地域の所得水準が高い」：
「そう思う」or「どちらかといえばそう思う」

データ出所)「地域移動と生活環境に関するアンケート調査」(2008年).

図 2-3　居住地域に対する住民の意識(1)

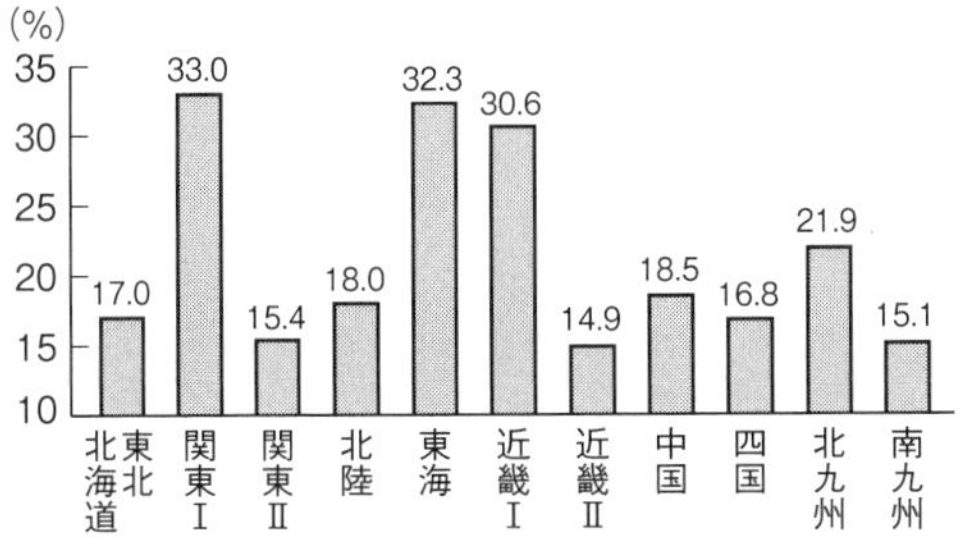

現在お住まいの地域には「さまざまな仕事がある」：
「そう思う」or「どちらかといえばそう思う」

データ出所)図 2-3 に同じ.

図 2-4　居住地域に対する住民の意識(2)

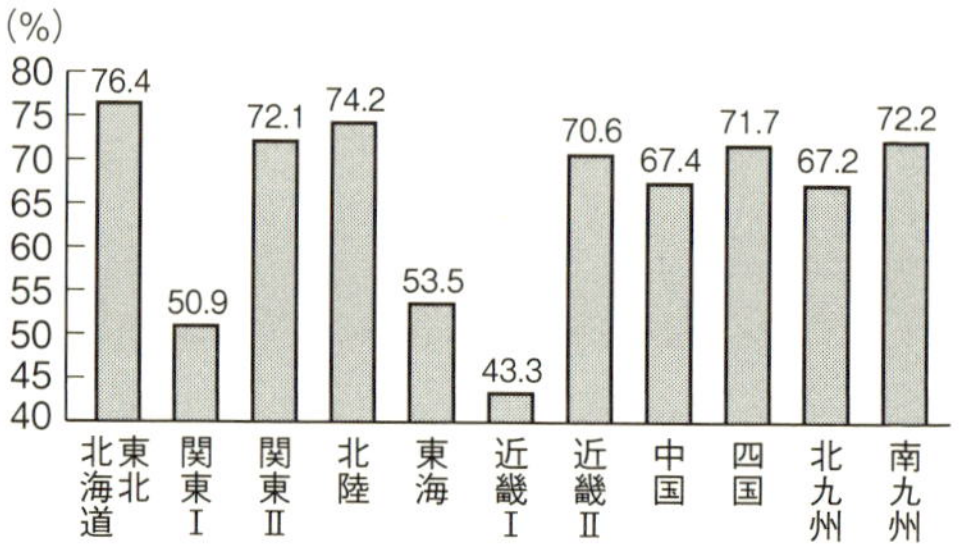

現在お住まいの地域は「自然環境にめぐまれている」:「そう思う」or「どちらかといえばそう思う」

データ出所)図 2-3 に同じ.

図 2-5　居住地域に対する住民の意識(3)

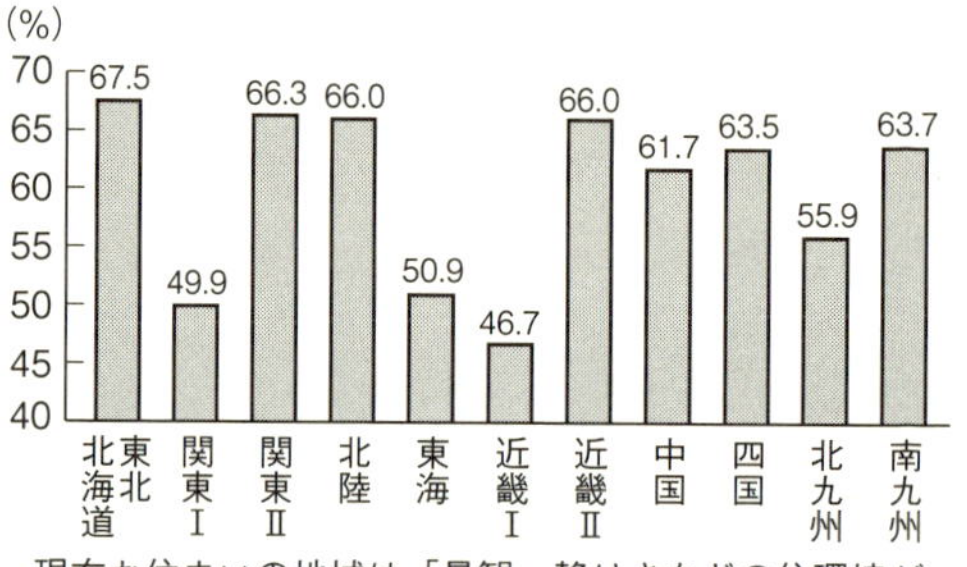

現在お住まいの地域は「景観・静けさなどの住環境がよい」:「そう思う」or「どちらかといえばそう思う」

データ出所)図 2-3 に同じ.

図 2-6　居住地域に対する住民の意識(4)

無について、同じく関東Ⅰ、東海、近畿Ⅰが自分の地域には働く場所が多いと評価しています。

しかし、自分の住んでいる地域の自然環境、住みやすさの評価をみると、所得・雇用とはまったく逆の結果になります。すなわちその他の地域の方が、土地は広く、空気はきれいだし、風景も美しいと判断しています。

従って、あえて大胆に解釈すれば、人は所得・仕事か、自然環境と住み心地のいずれを採るか選択をしているということになります。仕事も所得もあまりないかもしれないが、非常に生活しやすいから、地方に住むと決断した人もいるでしょうし、逆に騒々しいし交通も混雑して住みやすくはないけれど、仕事はあるし所得は高いという魅力が大きいので、大都会に住むという決断もあるでしょう。

次は**図2－7**から**図2－10**です。企業が本社のある地域をどう評価しているかというアンケート

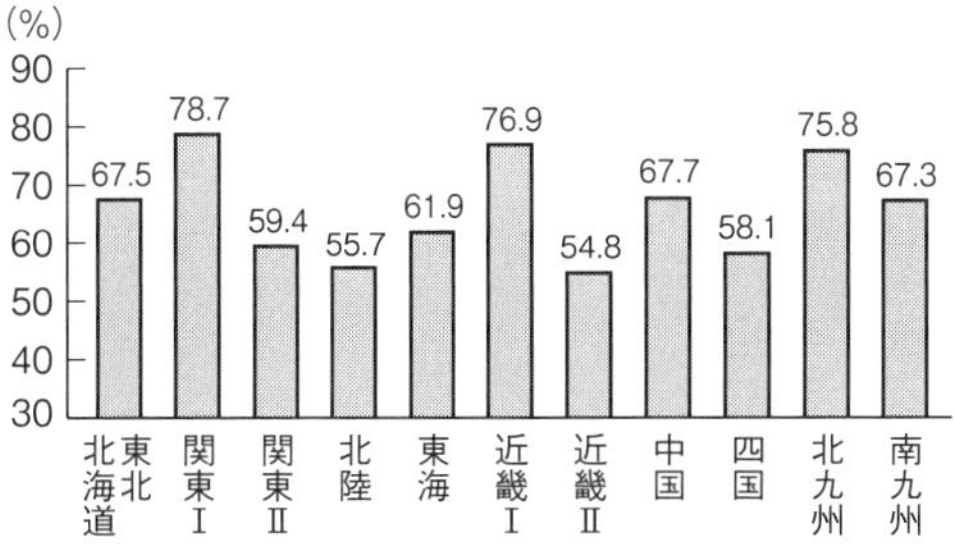

「交通の便がよいこと」：「大いにメリットがある」or「ややメリットがある」

データ出所)「企業立地の地域間格差に関するアンケート調査」(2008年).

図2-7　勤務先企業の本社所在地域に対する評価(1)

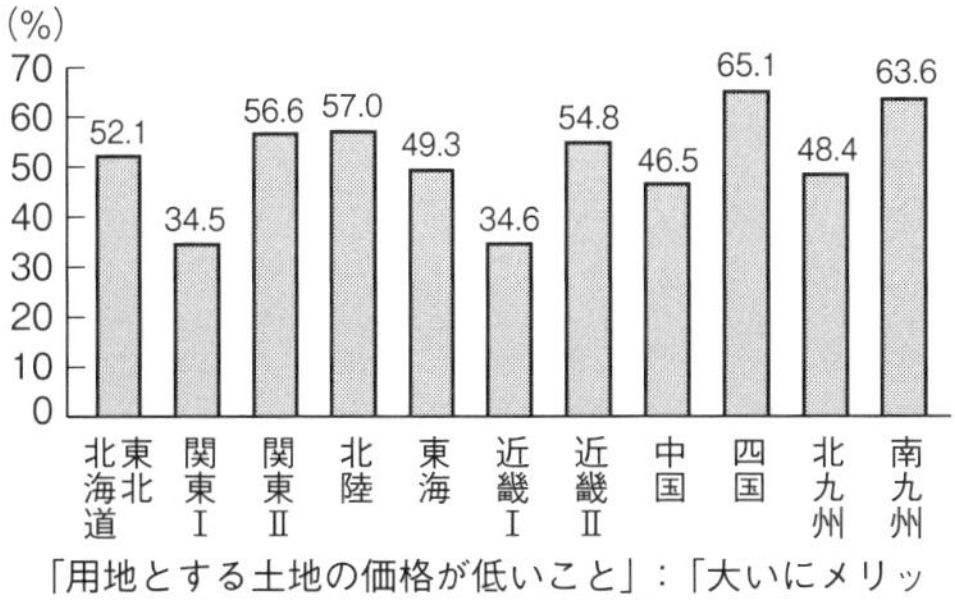

「用地とする土地の価格が低いこと」：「大いにメリットがある」or「ややメリットがある」

データ出所)図2-7に同じ.

図2-8　勤務先企業の本社所在地域に対する評価(2)

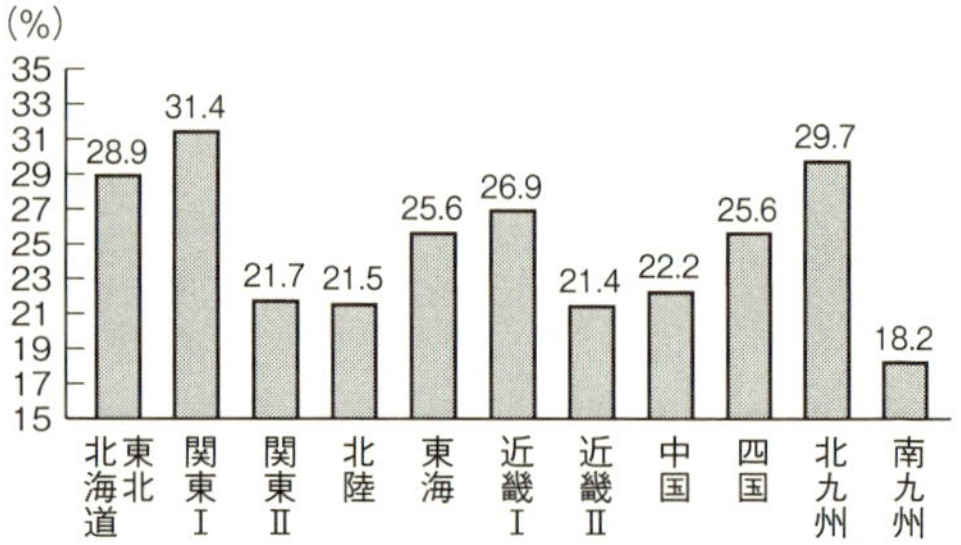

「地域の教育水準（大学や研究機関の存在）」：「大いにメリットがある」or「ややメリットがある」

データ出所）図 2-7 に同じ.

図 2-9　勤務先企業の本社所在地域に対する評価(3)

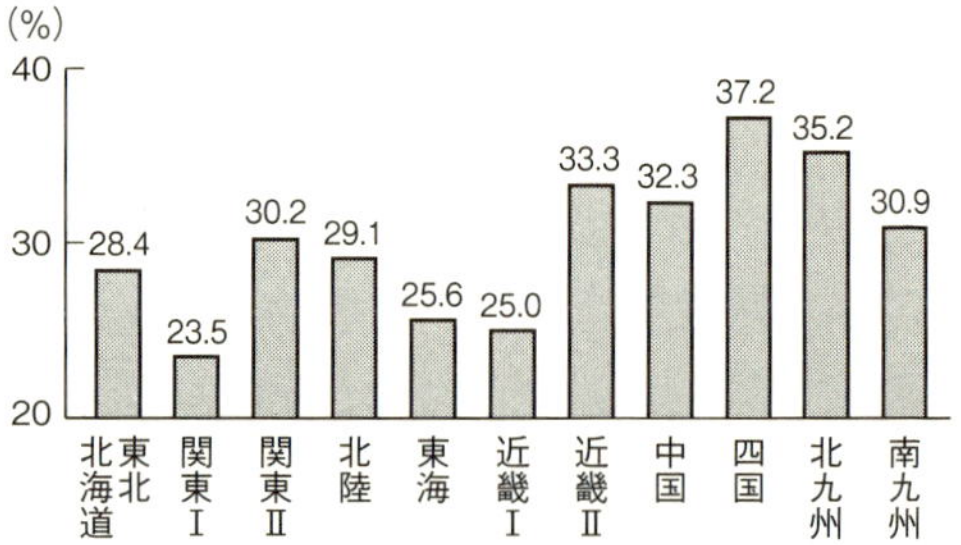

「移転費用を負担することが可能とした場合，お勤めの企業は，現在の本社について今の地域からの移転が望ましいとお考えですか」：「移転する方が望ましい」or「どちらかといえば移転する方が望ましい」

データ出所）図 2-7 に同じ.

図 2-10　本社所在地域別にみた本社立地の移転希望

結果が四つあります。まず交通の便がメリットになっていると考えている地域は関東Ⅰ、近畿Ⅰ、そして北九州が意外と高いことがわかります。

次の**図2－8**は、工場やオフィスを作る時に、地価が安いのがメリットになっているかを示しています。関東Ⅰや近畿Ⅰは地価が高いのに対して、地方の地価は安いので、工場・オフィス立地をしやすいということを示しています。

図2－9は、その地域の教育水準――例えば大学や研究機関があって、そこと共同研究をしたり、あるいはアドバイスを受けたりするメリットがどれだけあるかということを示しています。関東Ⅰが高いのは予想通りですが、北九州ついで北海道・東北が高く、逆に近畿Ⅰはあまり高くありません。

個人的には、今後関西経済が生きていくためには、この研究との結び付きが非常に大事だと思っています。例えば今、関西でバイオテクノロジー産業が強い理由の一つは、京大、阪大などの有力大学がこの分野において優秀な研究をしているからです。

ところが、ご存知のように大阪にある企業、商社や銀行、そして住友系企業が近年本社を東京に移転してしまいました。関西経済の凋落の象徴が本社の東京移転です。ただ京都を代表する京セラ、オムロン、島津製作所、村田製作所、任天堂といった企業は移転していません。彼らに聞くと、まず民間の活動は民間でやるべきだから、官庁のお世話になる必要はなく、従って東京に本社がある必要はないし、第二には、ビジネスは国内だけではなく取引相手は世界というグローバル経済であって、あえて東京に目を向けなくてもいいそうです。

最後に**図2－10**を見ると、本社の移転が望ましいと考えている企業は、地方に多いのです。やはり地方のハンディを感じている企業が結構あるということがわかります。

次に**図2－11**は、地域内で貧富の格差はどれだけあるかを示しています。可処分所得が二〇〇万円以下という貧困状態に近い世帯がどれだけいるかを見ますと、多い順に南九州、四国、北九州、

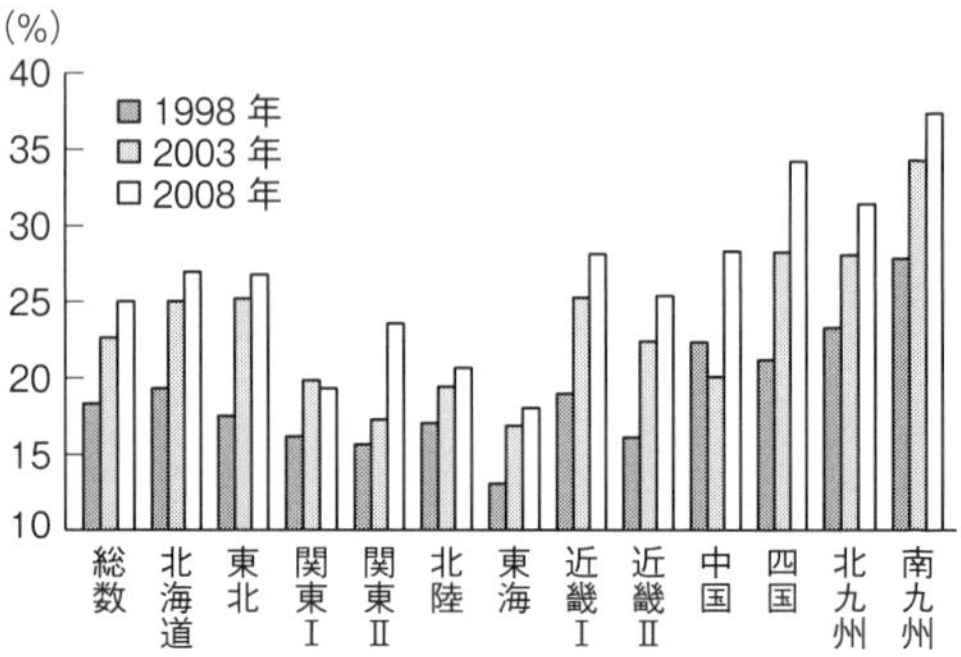

注 1)各年の低所得世帯割合は，前後 3 年の移動平均による値で算出.
2)厚生労働省「国民生活基礎調査」(各年版)に基づいて計算.

図 2-11　地域ブロック別にみた低所得世帯の割合
(可処分所得が 200 万円以下の世帯の割合)

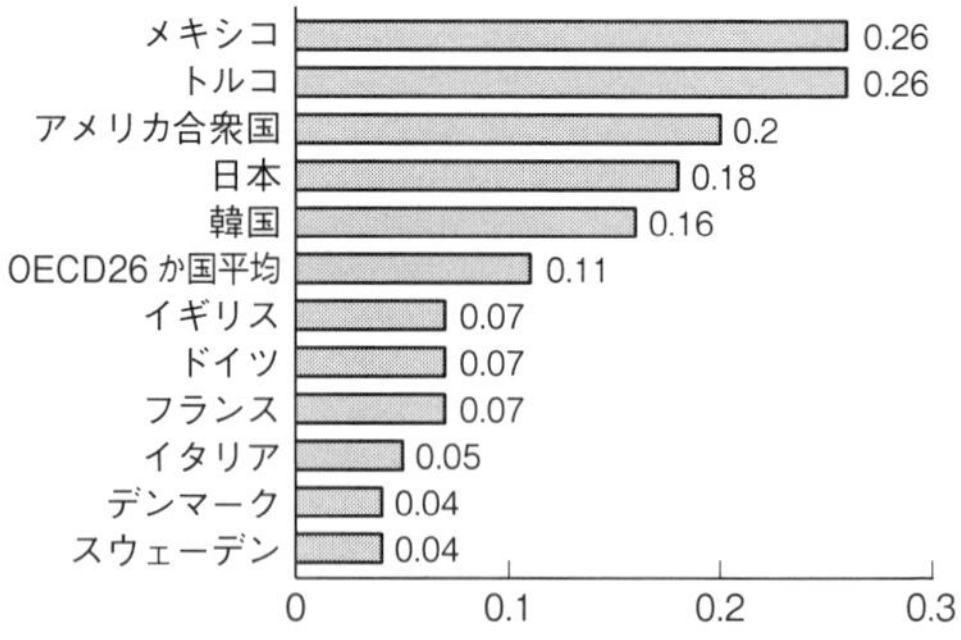

出所)OECD 編(2008)『地図でみる世界の地域格差――都市集中と地域発展の国際比較』.

図 2-12　労働者 1 人当たりの GDP の地域間格差 (2003 年)
(労働者 1 人当たりの GDP の不平等ジニ係数)

中国地方です。近畿Ⅰには大阪という地域の特殊性があります。大阪府というのは、かなり貧富の格差の激しい府ですので、多くの貧困者のいる効果が出現しています。

では国際比較をするとどうなるのか(**図2-12**)。OECD加盟国の一人当たりのGDPをジニ係数(所得格差を表す指標)で比較しますと、日本は地域間格差がある方に属すると言えますし、逆に地域間格差がないのは、スウェーデンやデンマークという北欧諸国です。

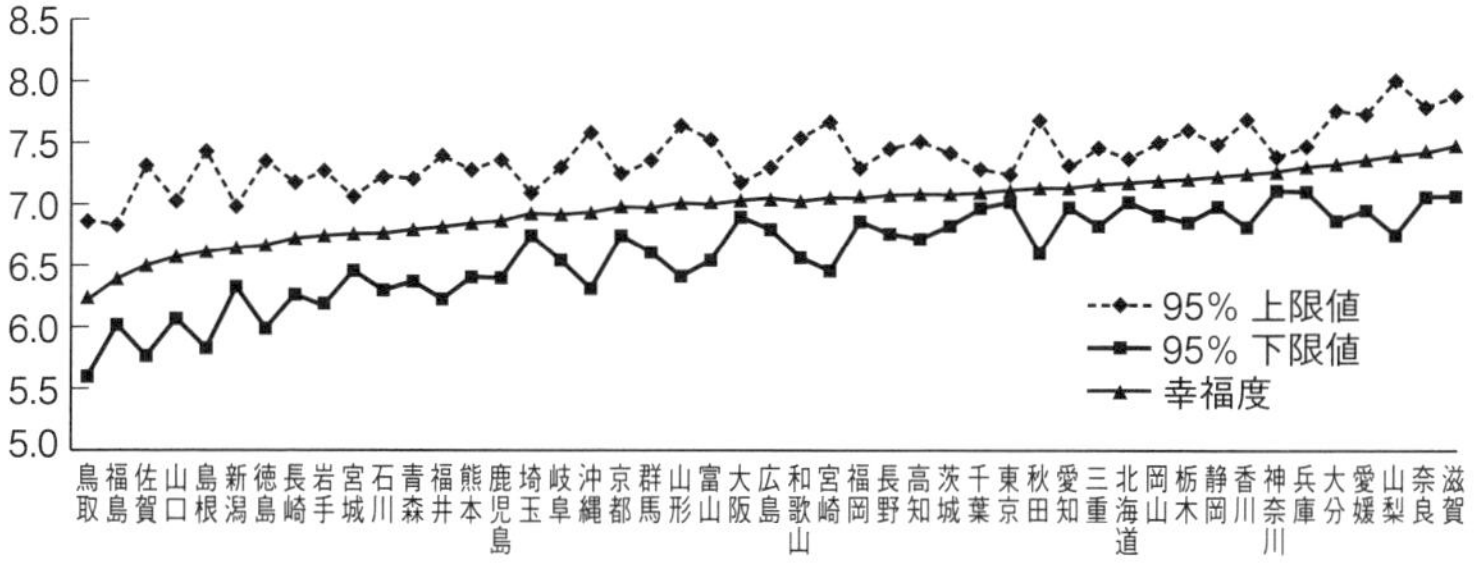

注)「地域の生活環境と幸福感についてのアンケート調査」(2010年)より著者たちが作成（回答数10,827).

図2-13　47都道府県別にみた地域住民の幸福度

最後の**図2－13**は、都道府県別に、幸福と感じている人がどれだけいるかという調査結果です。自分が幸福か不幸かをもっとも高い人が一〇からもっとも低い人が〇の間でどう評価しているかの結果に基いて、幸福度を示したものです。これを見ると、幸福度が一番高いのは滋賀県でそれについで奈良県。近畿の周辺地域で、意外と県民所得が高い割に自然環境がいいということで、幸福度の高い県になった可能性があります。

一方、鳥取、福島、佐賀県は、確かに自然は豊かで住みやすいのでしょうが、所得がそんなに高くなく、仕事場もあまりないということが、この低評価につながっていると解釈出来ます。

2　日本人は何に「幸せ」を感じているのか

日本人がどの程度の幸福度を感じているか、どの分野で幸福度を感じているか、あるいは何をしている時に幸福度を感

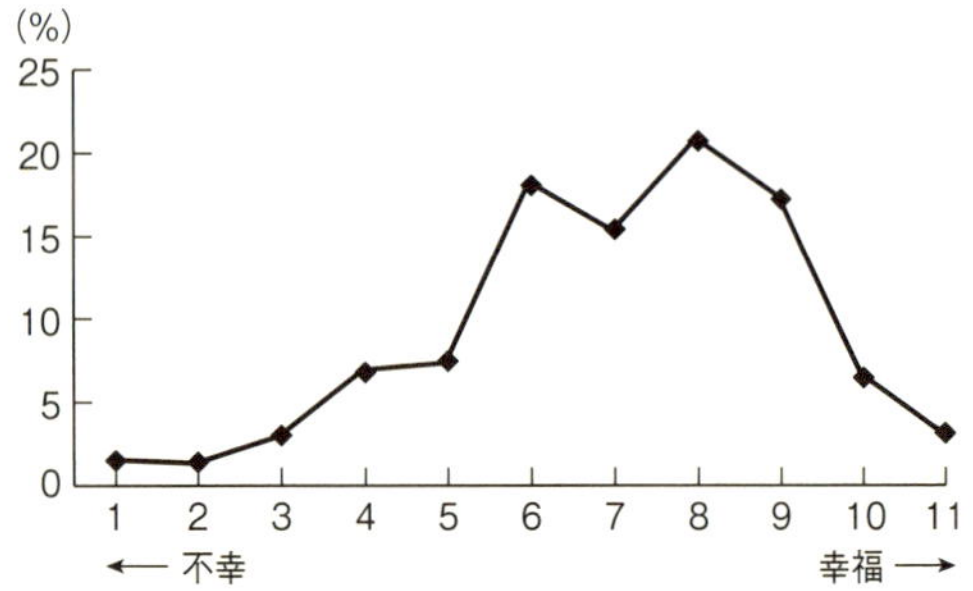

出所)橘木俊詔科学研究費「地域の生活環境と幸福感」2011年アンケート(回答数 10,826).

図 2-14　日本人の幸福度・不幸度

じているかについて、まず概観してみましょう。これは、私が研究代表者となって五年計画でかなり大規模なアンケート調査を行っている結果の一部ですが、二〇一一年のアンケートで、回答数は全国にわたる一万八二六人でした。

図2-14は、各人の幸福度、不幸度を先程の地域調査と同じく一〇から〇までの段階で自己評価してもらった結果です。一番山の高いところが八、その前後である六と九が多く、日本人は平均六よりは少し高い幸福を感じています。第1章で国際比較を紹介した際にも触れた、日本人は平均あたりにいるというのと、このグラフは整合していると思われます。

ただ興味深いのは、二山分布です。こういったアンケート調査の宿命とも言えます。平均よりやや下か平均よりやや上と答える人が、どのようなアンケートでも多い。人間は、あまり極端な答えはしないということの裏返しです。

図2-15の個別グラフは、**図2-14**で「あなたは幸福ですか、不幸ですか」という判断をしてもらった回答者の特性をグラフにしたものです。ここから言えることは、以下の点です。

(1)女性の方が男性よりも幸福度が高い(**図2-15(1)**)。

(2)年齢が高いほど幸福度が高い(2)。
(3)健康な人の方が幸福度が高い(3)。
(4)既婚者は幸福だが、家族形態や構成に関しては複雑である(4、5)。
(5)学歴は中学卒を除いてさほど幸福度に影響を持たない(6)。
(6)職業・雇用に関しては労働環境の良いところで働いている人ほど幸福度が高い(7、8、9)。

また、ここには出てきませんが、女性の場合、ワークライフバランスのため、あるいは女性も能力を生かすために働かなければならないという声は強いので、私は勤労している女性の方が幸福度は高いと思っていましたが、意外と専業主婦の方の幸福度が高いという結果が出てきました。

私なりの解説を少し加えますと、年齢と性別から言えることとして、一番幸福度が高いのは六〇代の女性で、反対に不幸度が高いのは三〇代の男性です。これは日本社会の現状をうまく説明していると私は思います。六〇代の女性は、健康も保持されていて、子どもは独立して子育てが終わった安堵感があります。お金も結構あって、邪魔なのは旦那だけかもしれません。それが七〇、八〇歳になってくると、健康に不安が出てきて幸福度が減るのかもしれません。

逆に三〇代男性、あるいは二〇代後半の男性の不幸度が高いのです。まずは失業者が多いので、この年齢の男性は不幸を感じています。働いている人であっても彼らは会社でとてつもなく働かされています。また一部に昔からのフリーターといった、若い時に定職が見つけられず苦労している男性もいるということも含めると、説明できそうです。

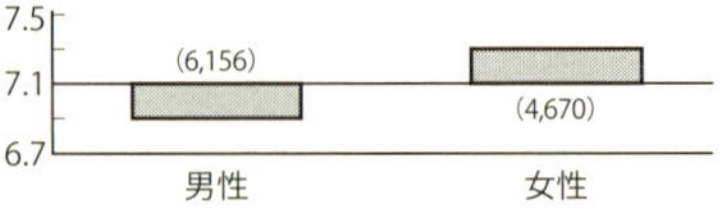

(1) 性別（回答数 10,826 人）

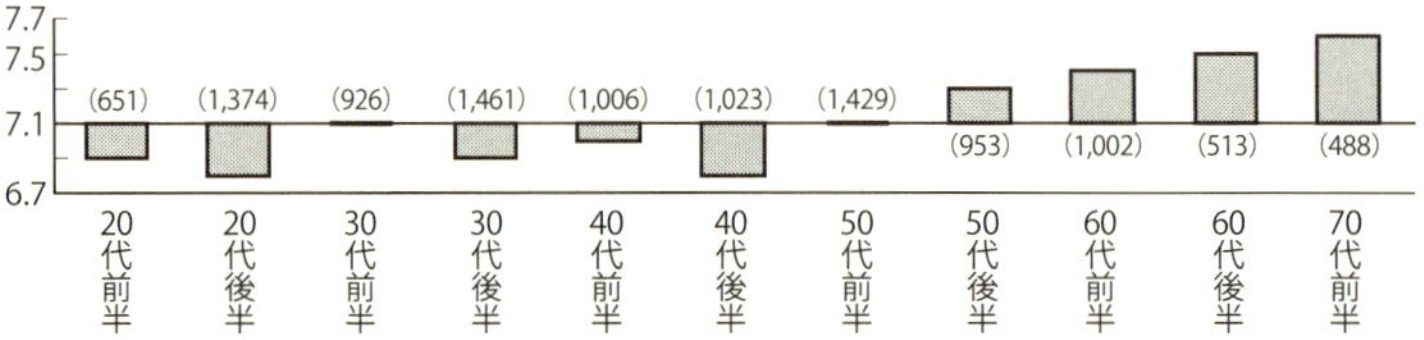

(2) 年齢層（回答数 10,826 人）

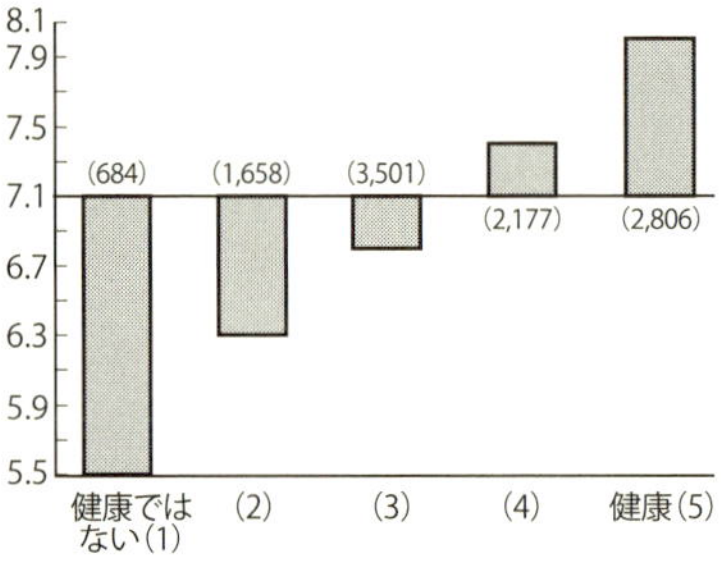

(3) 健康（回答数 10,826 人）

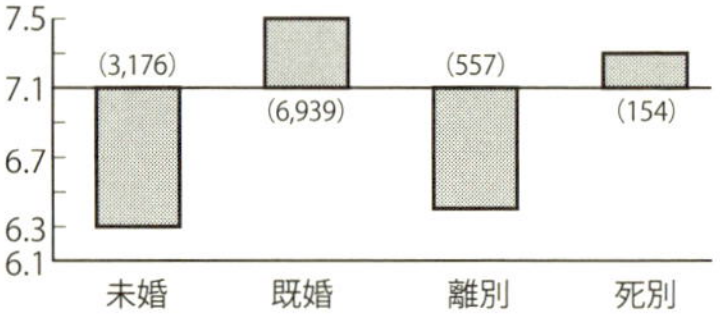

(4) 婚姻（回答数 10,826 人）

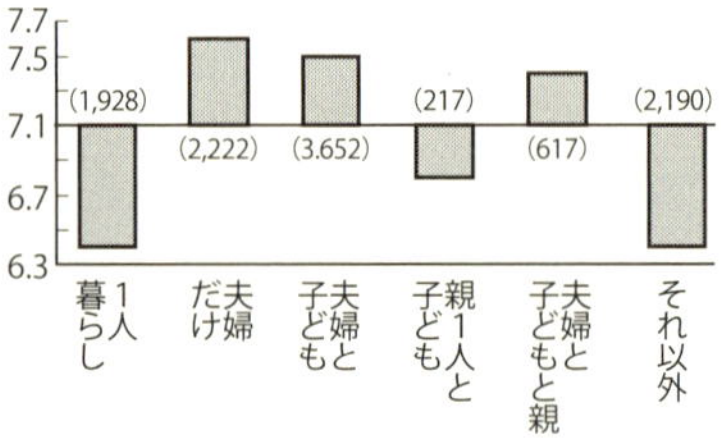

(5) 家族構成（回答数 10,826 人）

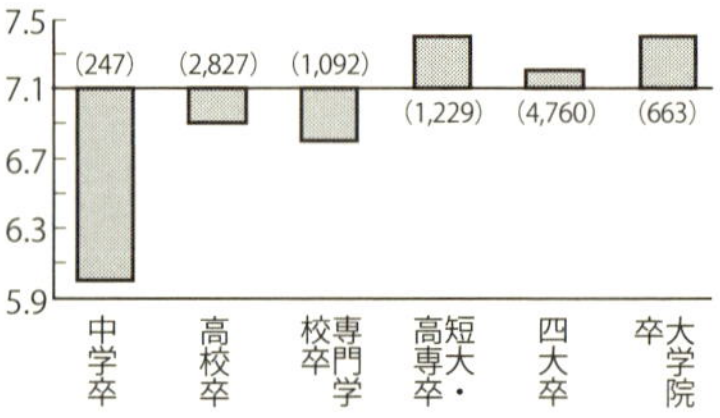

(6) 学歴（回答数 10,818 人）

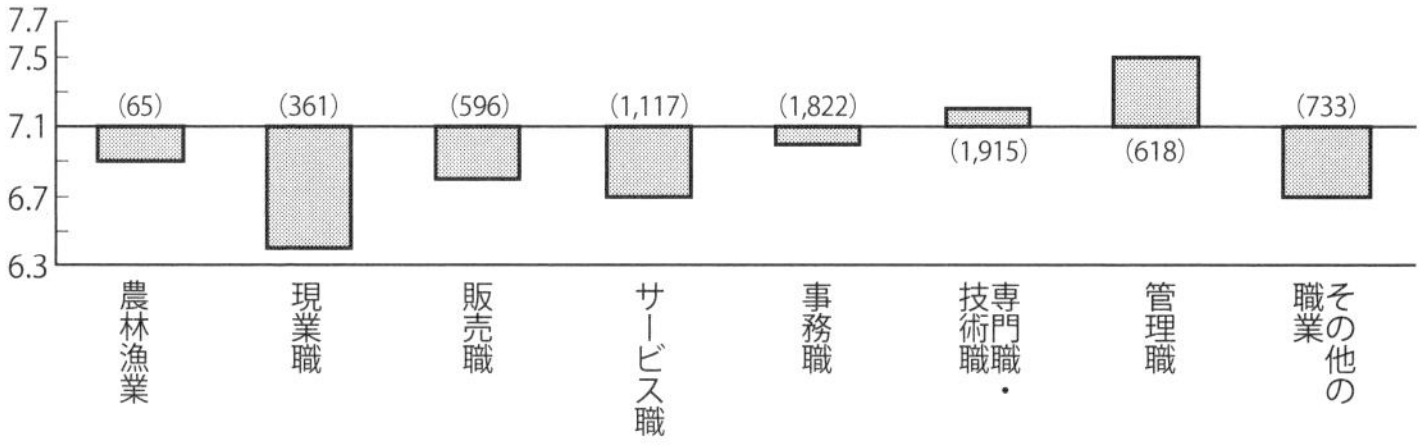

(7) 職業（回答数 7,227 人）

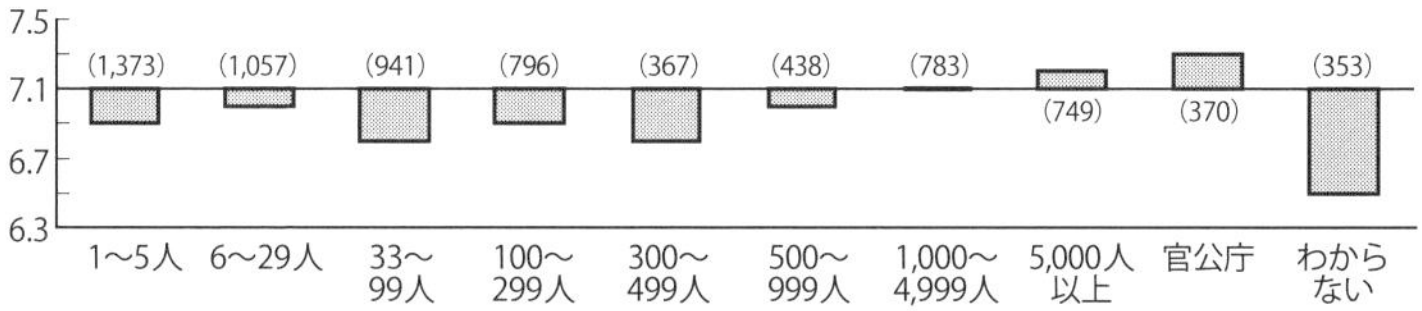

(8) 勤務先の規模（回答数 7,227 人）

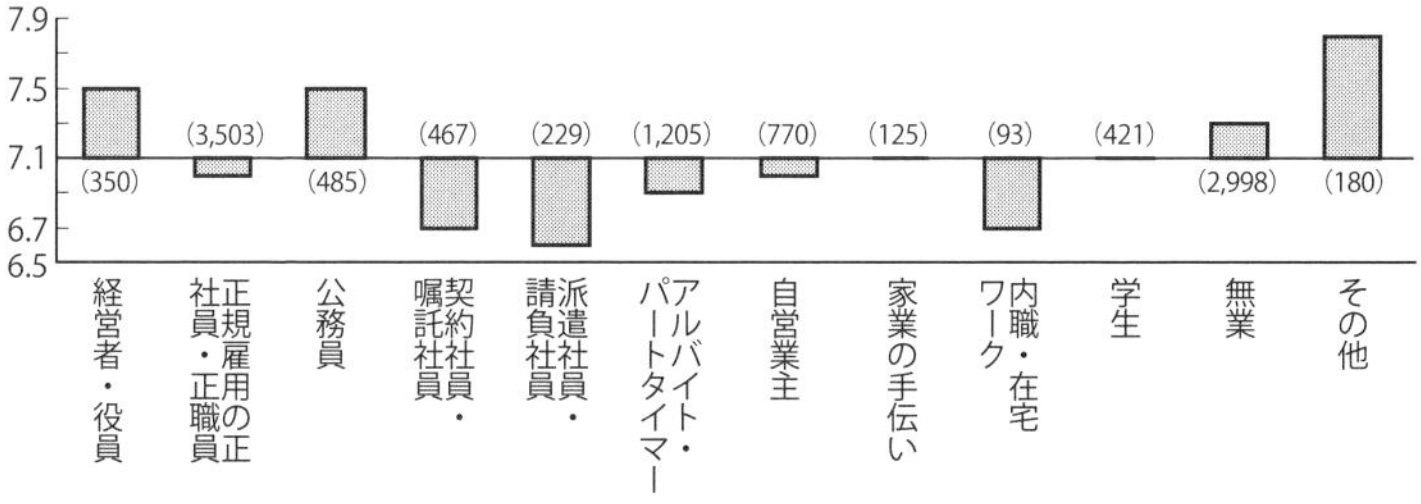

(9) 勤務形態（回答数 10,826 人）

図 2-15　あなたは幸福ですか，不幸ですか？

〔( )内は，それぞれの回答者の数〕

次に、これが意外な発見でしたが、既婚者は幸福です。さらに子どもがいない夫婦の方が幸福度が高いのです。昔ＤＩＮＫＳ(double income, no kids)といわれたように、夫婦で稼いで生活を謳歌しているので、「幸せ」なのかもしれません。夫婦と子どもという家族構成が子どもなしの夫婦より少し低いのは、子どもを持てば時間がなくなるので時間がほしいという希望でしょう。子どもを持つと大変だという意識が、少子化を説明する一つの原因かもしれません。

次に、片親と子どものいる場合では幸福度が減るというのは、よくわかります。例えば、私は貧困の研究もしていますが、お母さん一人と、子どもが何人かいる母子家庭の貧困率は、約五〇％で他のグループよりもはるかに高くなります。では、なぜシングルマザーになったのかを示すグラフを見るとわかりますが、まず死別、どちらかが亡くなったわけです。これは不幸だというのはよくわかります。さらに離別の方が幸福度が低いのです。

学歴は、ほとんど変わりません。この研究をする前は、きっと学歴の高い人の方が、幸福度が高い、学歴の低い人の方は幸福度が低いと予想していましたが、ところがそうでもありません。ということは、学歴の低い人も中学卒を除いて不幸度はそう高くなく、学歴の高い人もそれほどには幸福度が高くないのです。おそらく学歴の低い人は最初から社会に出ても大成功しないと予想するか、社会に出てから学歴の低いことの悲哀を経験しているので、あきらめの境地である可能性が高い、つまり自分の期待度が低いのです。逆に、学歴の高い人は、勤めれば出世して偉くなるだろう、高い賃金も得られるだろう、つまり期待度が高いのですが、現実の世界ではそれを達成出来る人ばかりではないので、高い学歴を得たけれど少しも幸福ではないなと思う人がいる可能性が高いのでしょう。ゆえに学歴における幸福度にほとんど差がないと思います。

さらにここでは、学歴を中卒、高卒、専門学校、大卒、大学院というように学校の水準あるいは段階で分けていますが、名門校、非名門校を出た人に関して調査しても、多分同じようなことが言えると思います。例えば東京大学を出た人はものすごく高い期待を持つと思いますが、東京大学を出た人が全員、高い社会的な地位と高い所得を得られるかというと必ずしもそうではありません。そういう人たちはあまり幸福を感じないかもしれません。

どういう職業に就いているか、あるいは、どういう勤労形態かというのは、管理職や専門職の人の方が、現場で肉体作業をしているブルーカラーの人たちよりも、やっぱり幸福度は高いのです。同じ勤労形態にしても、フルタイムで働いている人や経営者の方が、派遣やアルバイト、パートタイマーのような非正規労働で働いている人たちよりもやはり幸福度が高いのです。つまり労働環境が恵まれている人たちの幸福感が高いのは、我々が日頃感じている直感とうまく合致しているのです。

企業規模に関して私がショックを受けたのは、公務員の幸福度が高いことです。日本社会というのは、やはり公務員が一番恵まれているということの証左でしょうか。それに加えて、中小企業で働くよりも、賃金高と職の安定度から大企業で働いている人の方が、幸福度が高いというのもよくわかります。ところが企業規模が一〇人とか三〇人といった非常に小さい企業で働いている人も、

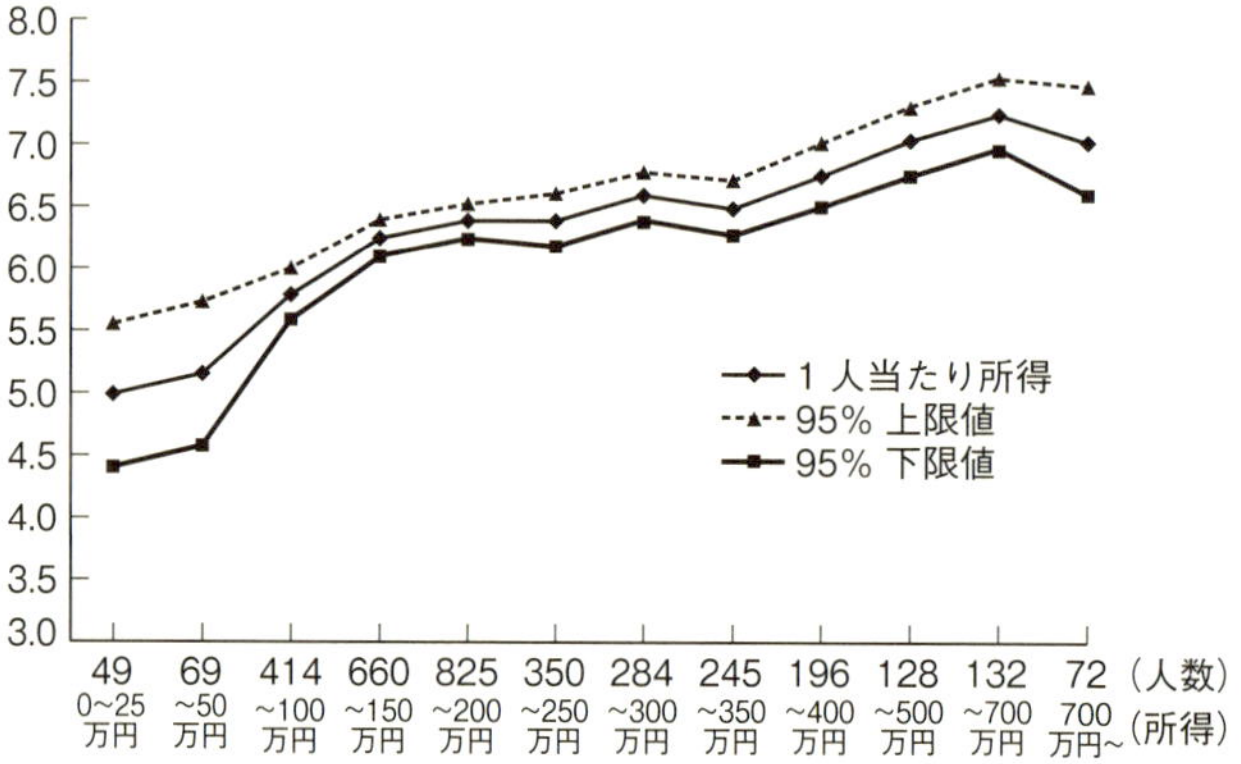

出所)大竹・白石・筒井(2010).

図 2-16　1 人当たり所得と幸福度

幸福度が高いのです。これは大企業だと歯車として働かされて、ちっとも自分の思うようには仕事をさせてくれないことが多いので不満を感じる人がいるのに対して、小さな企業だと割合に自分のやりたいことが出来るので幸福度が高いのでしょう。

以上、私が昨年大規模アンケートを実施した結果の要約です。

これを他の方がされた研究と比較してみましょう。まず大竹、白石、筒井の三氏の研究(二〇一〇)では、**図2-16**で示されるように所得が高くなれば幸福度は上がるという結果が出ていますが、そんなに急激な上昇ではないというのがここでの発見です。なめらかに上がっていくという感じです。

英米の研究においても、似たような結果が出ています。それは先ほども挙げたリチャード・レイヤードの研究(**表2-2**)では、所得を上から順番に並べて上位にいる四分の一、その次の四分の一、その次

の四分の一、その次の四分の一と分けています。例えば四〇〇〇人の標本であれば、上位四分の一というのは上から一〇〇〇番目までの所得の人になります。それから、下位四分の一というのは、下から数えて一〇〇〇人目までを言います。四つのグループのそれぞれでどれだけ幸福度を感じているかを、パーセンテージで示したのがこの表です。アメリカでは、上位四分の一で「ベリーハッピー（非常に幸福）」と答えたのが四五％、対して下位四分の一でも三三％がベリーハッピーと答えています。イギリスも似たような結果です。イギリスとアメリカでは所得階層による幸福度に大きな差がないという結論です。

表 2-2　所得階層による幸福度

	アメリカ		イギリス	
	上位 4分の1	下位 4分の1	上位 4分の1	下位 4分の1
非常に幸福	45	33	40	29
かなり幸福	51	53	54	59
幸福ではない	4	14	6	12
	100	100	100	100

出所）R. Layard (2005).

日本でも、所得が上がると比例して幸福度が高まるという予想はそれほどあたっていません。所得分配の格差は、我々が考えるほど幸福の程度に影響を与えるわけではないのでしょうか。しかし、繰り返しになりますが、所得階層の低い人ほど不幸を感じる人が多いし、所得の高い人ほど幸福と感じる人の比率は多いのです。

最後に、私のアンケート調査で、将来の希望について質問をしてみました。希望はあるかないかという質問では、七割弱の人があると答えました。次に「何に希望を持っているか」という質問に対しては、家族（五七・〇％）、仕事（五四・九％）、健康（四一・二％）、遊び・娯楽（三七・九％）、学び・学習（二八・七％）、友人関係（二一・九％）の順

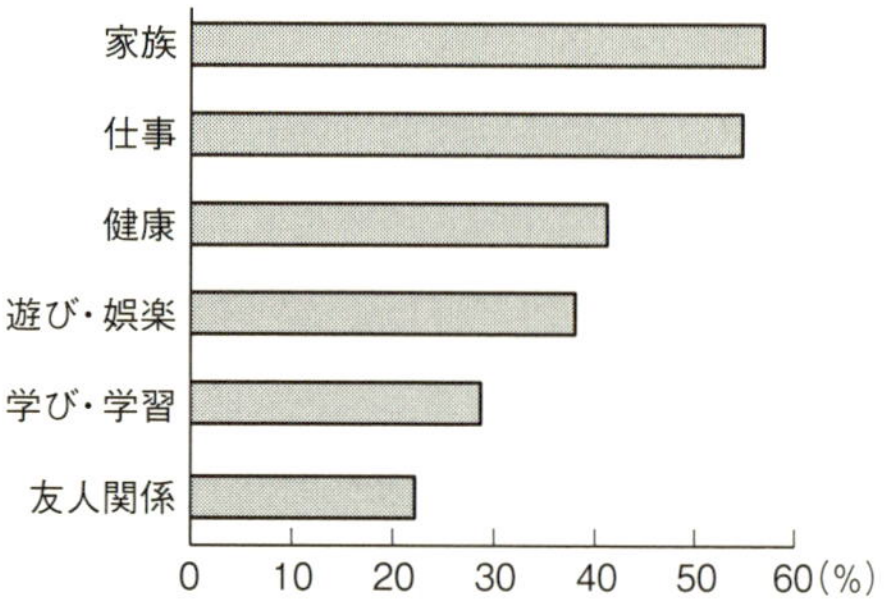

出所)図2-14に同じ.

図2-17　何に希望を持っているか

でした(**図2－17**)。

私は以前に『無縁社会の正体』という本で血縁、地縁、社縁が崩れて、孤独死が増えていると書きました。さらに、生涯を独身で過ごす人、結婚しても離婚する人、そして児童虐待やＤＶの増加があり、家族の絆が弱くなっていることを示しました。それでも家族への希望が強いのは、絆の強い人がまだかなりいることと、できれば絆を強く持っておきたいとする願望の強さを物語っていると解釈できます。やはり日本人はこれだけ家族に期待していると結論づけることも可能かと思います。

次いで、仕事は高度成長期の日本人の人生観なり、生きがいだったはずですが、その割合は相当落ちています。日本でまだ多くの人が貧困だった頃は、高い勤労意欲によってできるだけ高い所得を稼ぎたい人が大多数でしたが、高度成長期後はそこそこの所得が得られる時代になったので、働くこともそこそこでよい、と思う人が増加したのです。そうすると仕事に生きがいを感じない人が増加しても不思議ではありません。

第三の健康については、健康な人が幸福で、病気の人が不幸というのは、ほとんどの人にとって自然なことなので、さほど述べなくていいでしょう。

第四の遊び・娯楽ですが、私は、日本人はもっと遊んでほしい、レジャーを楽しんでほしいと考えています。この娯楽については、第6章で詳しく触れることにします。

第五の学び・学習も実は高い数字ですが、「遊び・娯楽」よりは低いのです。日本人は一所懸命勉強して、一所懸命働いて、何かを得るということに非常に生きがいを感じた国民であったと思いますが、近年は、勉強や仕事はそこそこにして人生を楽しむために遊んだらいいという私の主張にやや近づいているのではないでしょうか。しかし、この考え方に対しては、経済成長や経済活性化を主張する人からは強烈な反対意見が出ることが予想されます。

意外だったのは友人関係です。この意外と低かった数字をどう考えたらいいのでしょうか。当然なのか、低すぎるのか、まだ判断しかねる点があります。家族よりも頼りになるのは親しい友人だ、と考える人からするとこの低い数字は理解できないでしょうが、友人はいざというときには期待できない、と考える人からすると妥当な評価でしょう。結局はその人が友人をどのように見るかに依存するのでしょう。

3　幸福感の因子分析

前節で紹介したアンケートに次いで、今度は、その人がどういう性格なのかということと、その人の幸福度の意思表示にどれだけ関係があるかを調べるために、さらに新しい調査を行いました。

		因子負荷量				
		1	2	3	4	5
外向性	静かだ(＊)	0.13	0.23	0.08	−0.75	0.19
	話し好きだ	0.09	0.02	0.16	0.68	−0.04
	控え目だ(＊)	0.08	0.09	0.26	−0.62	0.27
	社交的だ	0.08	0.14	−0.03	0.59	0.06
	元気いっぱいだ	0.19	0.10	−0.13	0.52	0.10
	元気がない(＊)	−0.12	0.07	0.26	−0.49	−0.20
	落ち着いている(＊)	0.39	0.14	−0.16	−0.42	0.12
調和性	攻撃的だ	−0.14	−0.10	−0.02	−0.14	0.69
	他人と口論する	−0.16	−0.03	−0.03	−0.18	0.57
	お高くとまっている	−0.01	−0.15	−0.01	0.08	0.55
	他人のあら探しをする	−0.08	0.08	−0.27	−0.16	0.46
	他人に失礼だ	0.28	−0.11	−0.05	0.07	0.40
	寛大な性格だ	0.06	0.27	−0.08	0.03	0.38

注 1)因子抽出法：最尤法，回転法：プロマックス回転，(＊)は反転項目
2)因子分析とは観測データをいくつかの共通な特性をもつグループに分割するための統計手法です．ここでは人の性格を5つの潜在的な因子(誠実性，開放性など)に分割して，それぞれの因子が人びとに関する細かい具体的な多くの性格(例えば，完璧に仕事をする，など)によって，どれだけ説明されうるかを因子負荷量の大きさで判断するものです．推定には最尤法を用います．プロマックス回転とは，解釈のしやすい因子分析結果を得るための手法の1つです．反転項目とは細かい具体的な性格が，因子には逆の影響を与えている可能性があることを暗示しています．これらのことは『多変量統計解析』に関するどの本でも説明されています．

表 2-3　パーソナリティの因子分析の結果

		因子負荷量				
		1	2	3	4	5
誠実性	完璧に仕事をする	0.81	−0.14	−0.03	0.00	−0.26
	仕事は最後までやり遂げる	0.79	−0.15	0.07	0.07	−0.02
	信頼できる労働者だ	0.75	−0.10	0.06	0.08	0.03
	信用できる	0.73	−0.02	0.08	0.00	0.12
	計画をたててやりとおす	0.67	−0.05	−0.08	−0.03	−0.12
	効率的に物事に対処する	0.67	0.05	−0.11	−0.05	−0.14
	頭がよい	0.52	0.18	−0.12	−0.09	−0.20
	思慮深く親切だ	0.50	0.19	0.19	−0.09	0.23
	怠けがちだ(＊)	−0.45	0.16	0.37	−0.01	−0.07
	熱意にあふれている	0.44	0.21	−0.07	0.24	−0.06
	神経質だ	0.40	−0.06	0.39	−0.16	−0.34
	他人に親切だ	0.36	0.17	0.24	0.15	0.32
	好んで協力する	0.35	0.11	0.16	0.29	0.24
開放性	独創的だ	−0.04	0.80	−0.11	−0.08	−0.13
	芸術的，美的な経験に価値をおく	−0.13	0.71	0.08	−0.10	0.00
	好んでアイデアを出す	0.09	0.69	−0.09	0.05	−0.14
	美術のセンスがある	−0.12	0.68	−0.07	−0.10	−0.01
	新しいアイデアを生みだす	0.11	0.67	−0.14	−0.01	−0.15
	想像力が豊かだ	0.07	0.66	0.17	0.04	−0.07
	多くの物事に興味を持つ	0.13	0.44	0.09	0.20	0.04
	芸術への関心が低い(＊)	0.16	−0.32	0.08	0.03	−0.12
神経症傾向	あれこれ心配する	0.24	−0.12	0.68	−0.04	−0.15
	緊張しやすい	0.18	−0.11	0.68	−0.10	0.09
	情緒が不安定になりやすい	−0.04	0.00	0.57	−0.01	−0.32
	恥ずかしがり屋だ	0.11	0.01	0.57	−0.32	0.13
	気が散りやすい	−0.25	0.12	0.52	0.10	−0.13
	やや不注意だ	−0.36	0.16	0.46	0.21	0.07
	気分屋だ	−0.14	0.14	0.40	0.06	−0.35
	緊張する場面でも平静だ(＊)	0.18	0.25	−0.40	0.00	−0.13
	情緒が安定している(＊)	0.21	0.11	−0.37	−0.01	0.28
	単純な労働を好む	−0.08	−0.11	0.33	−0.07	0.06

従来の調査では、その人の性格の違いを無視してきました。すなわち悲観的な人もいるし楽観的な人もいるわけです。評価者の心理的な状況、個性や性格の違いが一体その人の幸福度の意思表示にどれだけ影響があるのでしょうか。

表2－3は人の性格を誠実性、開放性、神経症傾向、外向性、調和性という区分にまとめてみました。この五つの枠組みの下に細かい項目を設定しています。

そこで得られた結果を因子分析という方法を用いて分析しました。次の**表2－4**は、幸福感と五つの因子の相関係数を見たものです。一番高いのは開放性と誠実性で〇・六六です。逆に神経症傾向と外向性でマイナス〇・三一の相関が出ています。**図2－18**は、幸福感と他の五つの因子との関係で評価すると、元気があって社交的な外向性とのプラスの相関が一番高く、くよくよする性格である神経症傾向との関係がマイナスで一番大きくなっています。他で幸福度とプラスの関係があるのは、他人や自分を信頼する誠実性、アイディアに富む開放性、そして調和性です。これらをまとめると、人の性格として外向性や開放性に富み、しかも誠実で調和のとれた人が幸福と感じる程度が強く、逆に神経症傾向のある人は不幸と感じる程度が強いといえます。

幸福度とは直接の関係はありませんが、この因子分析がどういうものかがわかる結果をいくつか見ていきます。少し脱線しますが、性別(**図2－19**)、家族状況(**図2－20**)、年齢(**図2－21**)、所得(**図2－22**)、学歴(**図2－23**)と、五つの因子の関係です。

いくつか興味を引く点を列挙してみると、女性は神経症傾向ながらも、外向的・調和的であるのに対して、男性の神経は安定しながらも女性のような外向性や調和性はないといえます。未婚者は誠実性、外向性が低く、神経症傾向があります。結婚すると安定した性格になり、未婚のままだと情緒不安定のまま、ということでしょうか。

年齢で区分すると、若い人ほど自分をいい加減な人間で誠実ではなく、かつくよくよしている

表 2-4　幸福感とパーソナリティ因子の相関係数

	誠実性	開放性	神経症傾向	外向性	調和性
幸福感	0.24**	0.19**	−0.26**	0.29**	0.21**
誠実性		0.66**	−0.29**	0.27**	0.39**
開放性			−0.19**	0.42**	0.04**
神経症傾向				−0.31**	−0.23**
外向性					−0.03*
調和性					

注）回答数 10,555
** : $p<0.01$, * : $p<0.05$, † : $p<0.10$

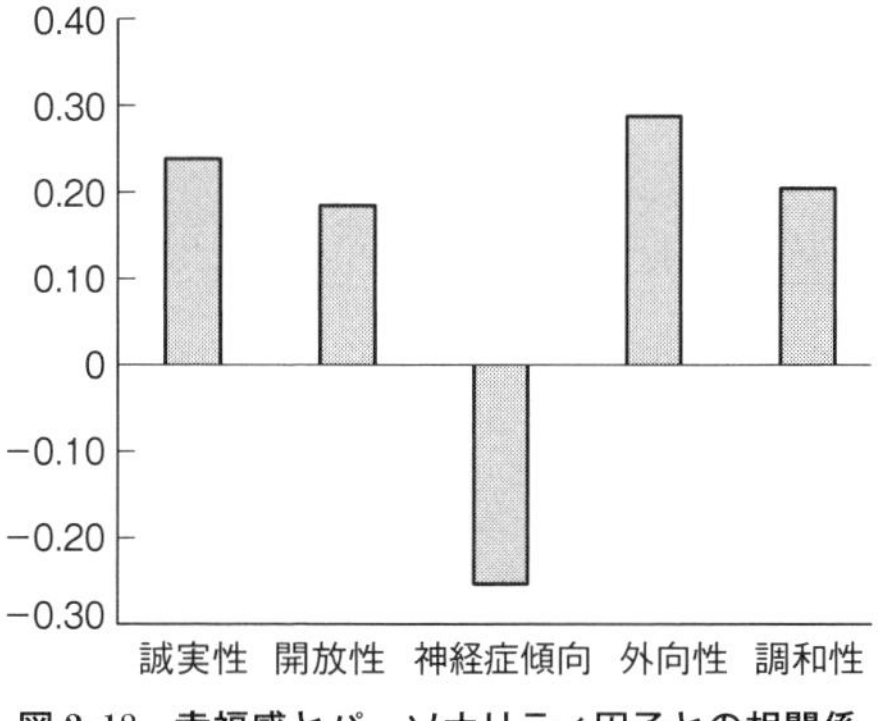

図 2-18　幸福感とパーソナリティ因子との相関係数（表 2-4 の 1 行目）

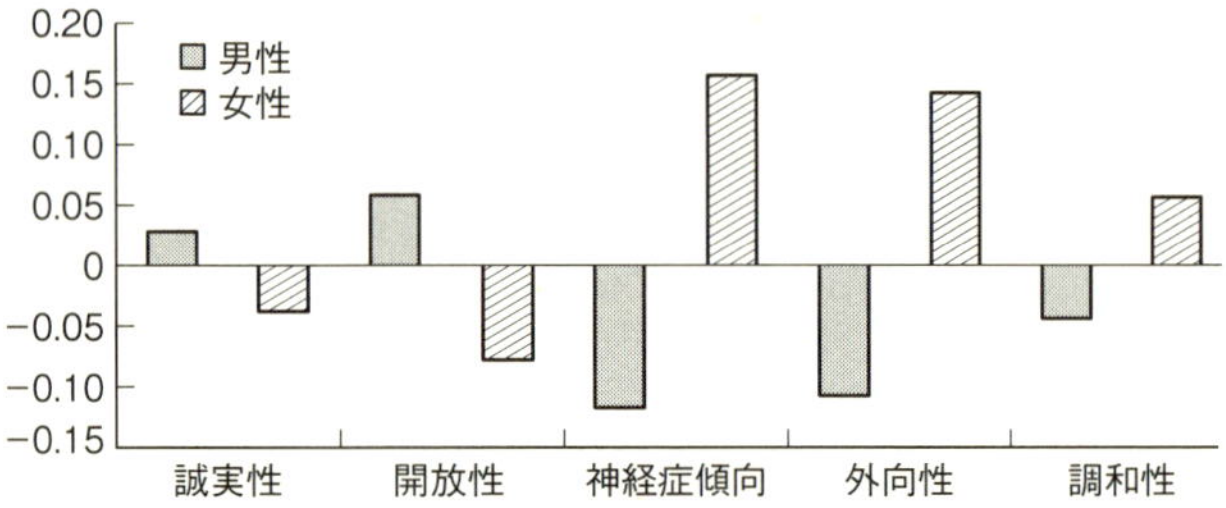

図 2-19　性別とパーソナリティ因子

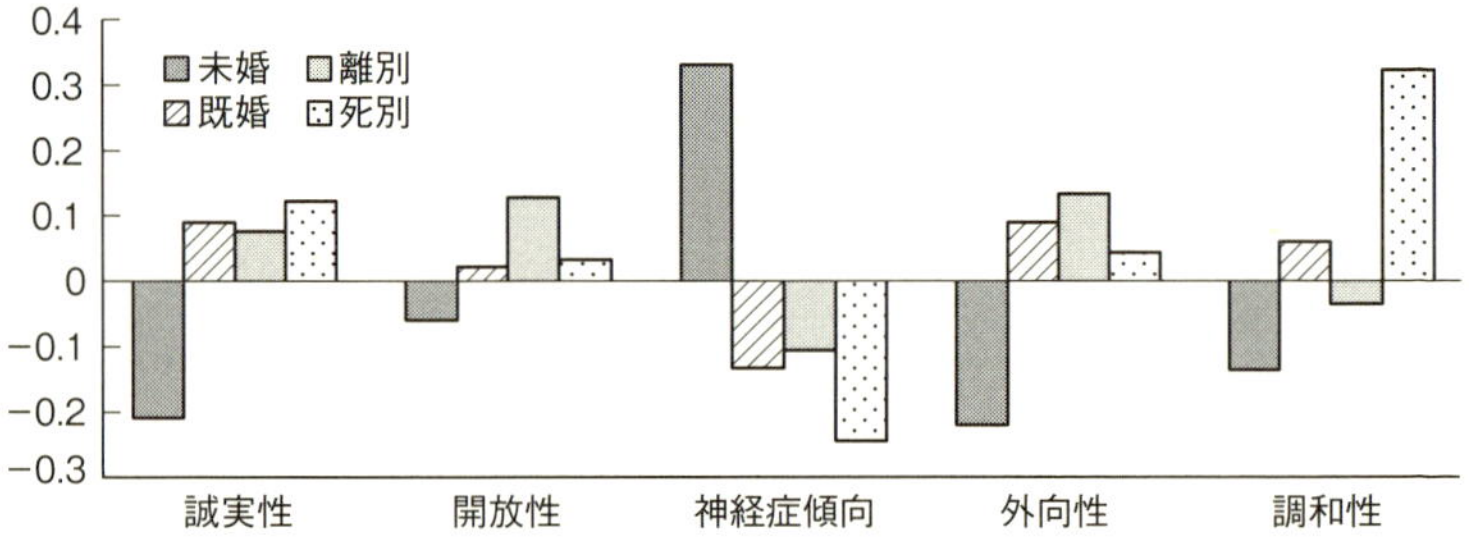

注）未婚者は，誠実性，外向性，調和性が低く，神経症傾向が高い．死別者は，神経症傾向が低く，調和性が高い．

図 2-20　家族状況とパーソナリティ因子

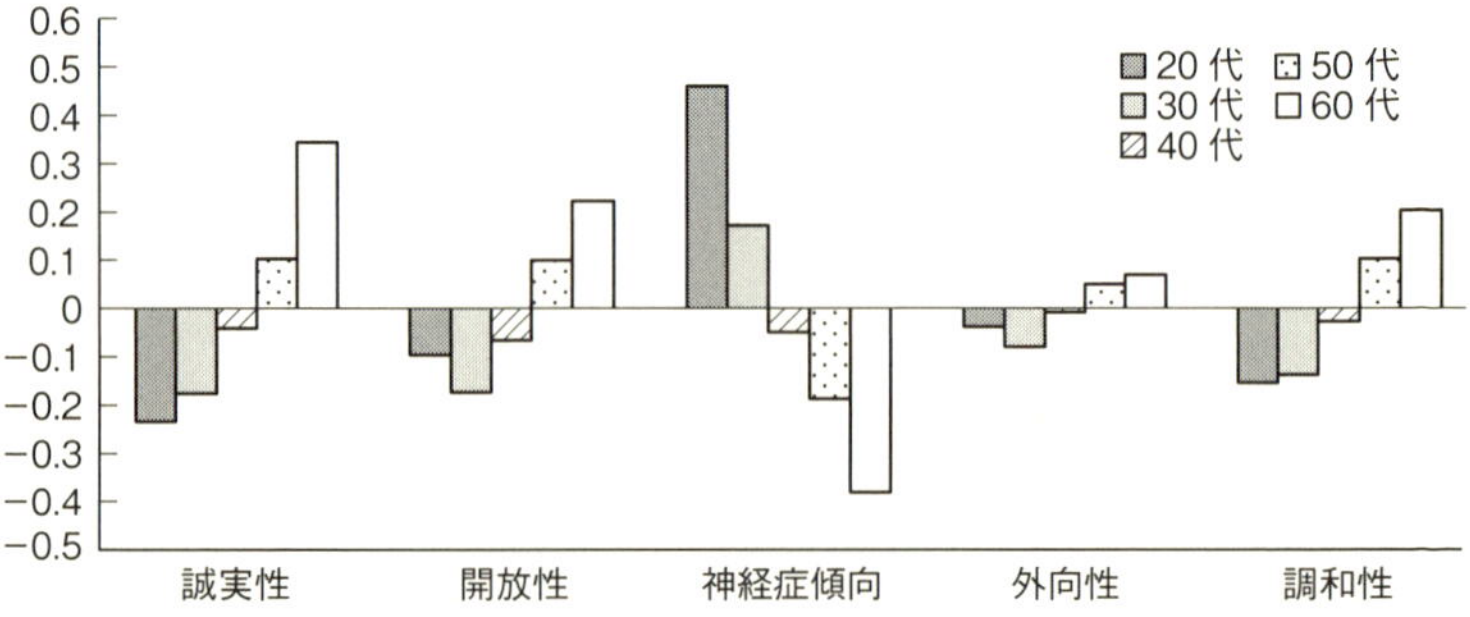

注）若いときほど，自分をいい加減な人間だと思い（誠実性が低い），くよくよしている（神経症傾向が高い）．

図 2-21　年齢とパーソナリティ因子

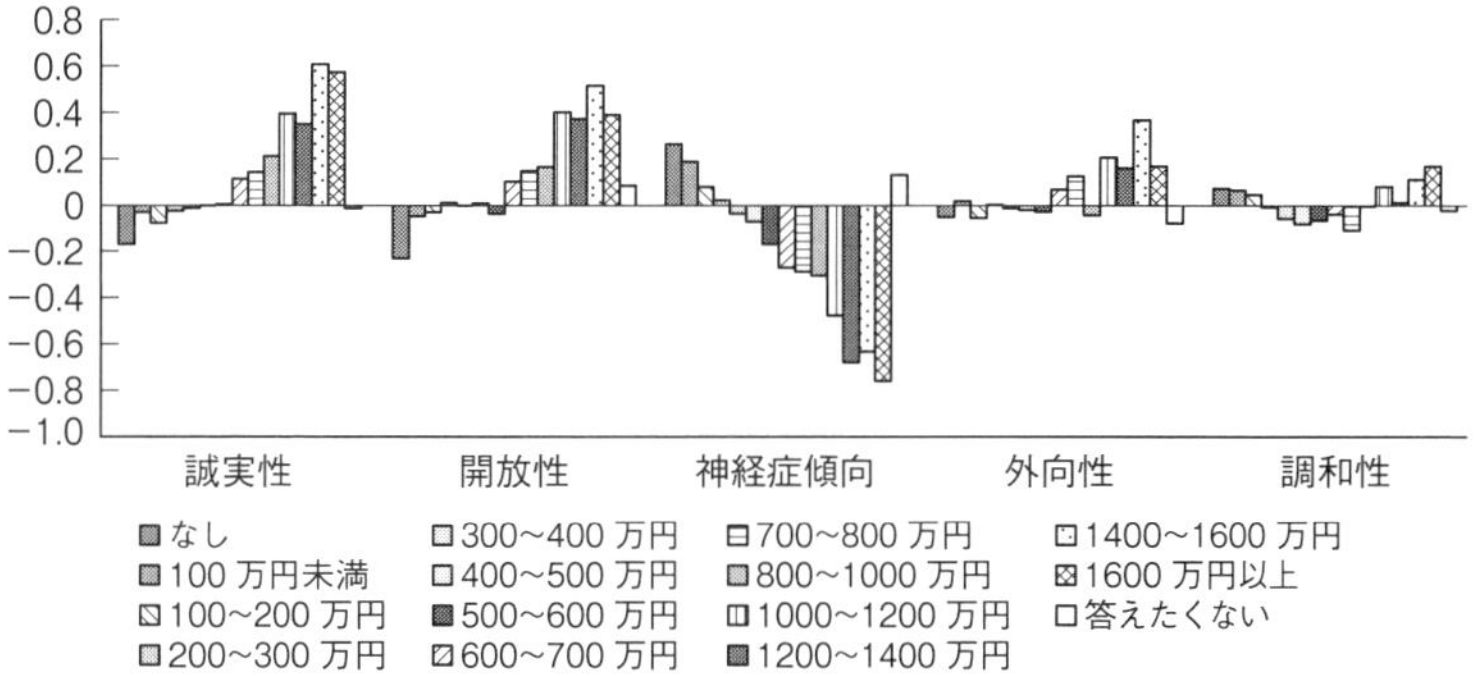

注）所得では，パーソナリティとの関連が明瞭に出る．つまり所得が高い人ほど，自分への信頼が高く（誠実性），アイディアに富むと考え（開放性），くよくよ心配しない（神経症傾向が低い）．

図 2-22　所得とパーソナリティ因子

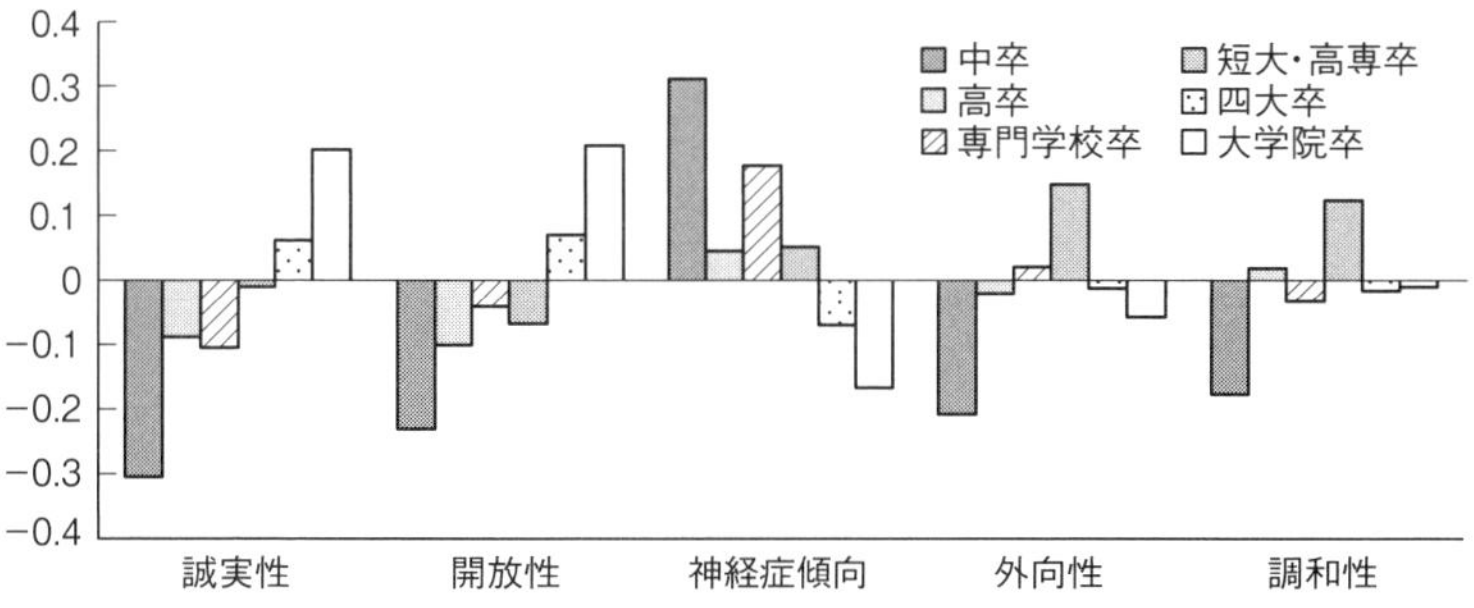

注）所得の傾向と似ているが，所得の方がハッキリしている．

図 2-23　学歴とパーソナリティ因子

（神経症）傾向とする可能性が高くなります。年齢を重ねるとこれら若い人の特色は消えて、安定した性格の持主になり、成熟した人間らしくなる傾向が読み取れます。もっとも明確に出現したのは所得との関係です。すなわち、所得の高い人ほど自分への信頼が高く、アイディアに富む開放性をもち、くよくよ心配しない性格となっています。学歴は所得とほぼ似た影響があります。

表2－5は、人びとの幸福度の高低を決定する要因として、どのような変数が影響力があるのか、回帰分析の結果を示したものです。左側の結果は説明変数に五つのパーソナリティを除外した結果です。すべての説明変数を入れた右側の結果に注目してみるとき、特に関心を払うのはβ係数です。これは影響力の相対的な大きさを数字の大小で判断できるからです。まず数字の大きさを解釈する前に、係数の統計的有意性（すなわち影響が確実にあるといえる）に関しては、大半の変数が幸福度に有意な影響のあることがわかります。例外は家族形態の変数で、夫婦だけという家族は有意であるものの、他の変数はそうではありません。個人の性格（パーソナリティ）は、くよくよする性格の神

β	*S.E.*	*t* 値
0.028**	0.115	2.817
0.051**	0.064	3.457
0.060**	0.101	5.930
0.015	0.086	1.429
0.025*	0.082	2.247
0.066**	0.112	6.422
0.098**	0.063	7.137
0.045**	0.148	4.997
0.074**	0.000	6.829
0.047**	0.009	5.162
−0.004	0.002	−0.354
0.132**	0.044	12.541
0.254**	0.015	28.439
−0.176**	0.055	−14.622
−0.093**	0.088	−9.741
−0.014	0.155	−1.584
0.033**	0.049	3.490
0.009	0.138	0.974
0.006	0.078	0.721
0.008	0.053	0.775
0.026*	0.028	2.015
0.059**	0.027	4.748
−0.080**	0.022	−8.025
0.142**	0.023	13.996
0.113**	0.023	11.400
	0.275	

*：$p<0.05$，†：$p<0.10$）．

表 2-5　幸福感の規定要因とパーソナリティ（重回帰分析）

		β	S.E.	t 値
従業上の地位	経営者・役員	0.038**	0.120	3.750
	正規雇用	0.053**	0.067	3.496
	パート・アルバイト(ref)			
	公務員	0.059**	0.105	5.577
	契約・派遣社員	0.013**	0.090	1.212
	自　営	0.033**	0.085	2.950
	学　生	0.079**	0.116	7.480
	無　職	0.088**	0.066	6.151
	その他	0.052**	0.153	5.517
個人の課税前所得（実額・無回答除く）		0.092**	0.000	8.195
教育年数		0.061**	0.009	6.519
年　齢		0.063**	0.002	5.338
性　別	女　性	0.169**	0.045	15.839
健康状態（高いほどよい）		0.321**	0.015	36.008
婚姻状況	未　婚	−0.200**	0.057	−16.037
	既　婚(ref)			
	離　婚	−0.089**	0.092	−9.024
	死　別	−0.016†	0.162	−1.672
家族形態	夫婦だけ	0.031**	0.051	3.127
	夫婦と子ども(ref)			
	あなた(片親)と子ども	0.005	0.144	0.486
	夫婦と子どもと親	0.008	0.081	0.911
	それ以外	0.004	0.055	0.337
パーソナリティ	誠実性			
	開放性			
	神経症傾向			
	外向性			
	調和性			
修正済み R^2(決定係数)		0.216		

注 1)幸福感(11 段階)を従属変数とする重回帰分析(回答数 10,223, **：$p<0.01$,
2)(ref)：この項目を基準として比較した.

経症傾向がマイナスの有意である以外は、他の性格は全部正に有意で幸福度を高めています。

他に正に有意な変数は、所得、教育年数で計測された学歴、女性、健康といったように、既にこれまでに検証してきた結果と整合性があります。同じく未婚者、離婚者、死別者と比較すると、既婚者の幸福度は有意に高いですし、健康な人も同じです。これらをまとめると、高い所得と教育、女性であること、健康といった変数が幸福度を高めています。そしてβ係数の大きさで判断すると、一番影響力の高いのは健康（〇・二五四）であり、次いで未婚であること（マイナス〇・一七六）、そして女性であること（〇・一三二）の順です。

第3章

最高に幸せな国

——デンマークとブータン

この章では、世界各国の中で国民が幸福を感じている程度が非常に高い国にスポットを当てて、なぜその国民が幸せなのか、様々な視点から分析します。対象としては、日本と同じく先進国グループに属する国と、発展途上国のグループの中から一つずつ国を選んで、現状を詳しく検討するものです。日本は発展途上国ではないので参考にならない、という意見があるかもしれませんが、なかなかどうして日本にとっても参考に出来る点が少なからずあるからです。

1　デンマークの幸福

世界の国の中で、国際比較の研究において国民の幸福度が世界第一位とされることの多いのが、既に述べたようにデンマークです。例えば、第1章で示したように、二〇〇六年にイギリスのレスター大学が一七八か国を対象に行った調査によると、第一位がデンマークでした。ちなみに日本は中位にある九〇位でした。二〇〇八年にアメリカの世界価値調査機関の行った調査でも、二〇〇七年にイギリスのケンブリッジ大学の行った調査でもデンマークは一位でした。数多くの国際比較研究において、デンマークの幸福度が第一位となっているので、この国を徹底的に探求することに意味はあります。

北欧諸国が福祉国家であることは日本人にもよく知られていて、特にスウェーデンに関する情報は日本でも多いのです。しかしデンマークの情報に関しては限定されていますので、これを補う意味からも、幸福度ナンバー・ワンのデンマークを論じることは有意義なことです。同じ福祉国家でありながらデンマークとスウェーデンは微妙に異なるので、その差に注目するためにもデンマークを扱うことにします。

歴史と文化

デンマークがなぜ幸福度の高い国になったのかを知る前提として、その歴史と文化を簡潔に述べておきましょう。

デンマークのユトランド(デンマーク語ではユラン)半島とその東にあるフェン島、首都コペンハーゲンのあるシェラン島がスウェーデンの最南端部とほぼ同緯度なので、デンマークの気候はスウェーデンよりは温暖です。しかも沿岸をメキシコ暖流が流れているので、なおさらです。さらに国土は平坦なので、農業に向いた国であるというのは容易に想像がつきます。実際、一九世紀までのデンマークは、農業、酪農、畜産業が主たる産業であったし、スウェーデンよりも豊かな農業国でした。

ここでごく簡単に、デンマークの歴史、特に福祉国家に向かう道筋を中心にして述べておきます。政治的にはデンマークは一九世紀の中頃まで王制国家でしたが、農民を中心にして自由を求める気運は強く、国王、貴族、大地主といった支配階級に対して、一八世紀頃から抵抗運動を行っていました。このとき、イングランドやフランスなどで起きていた自由と民主の思想の影響があったことは言うまでもありません。ただしデンマークの特色は、その国の産業の特質から、労働者ではなく農民が抵抗運動の中心だったという点にあります。

一八四〇年代になるとその運動は高まりを見せ、大地主との封建的関係の打破に向けて、農民が解放運動を行うようになりました。これに一般市民も賛同して要求は国王にまで達するようになり、ついに一八四八年に自由主義憲法の制定を求め、その要求に国王が応じたことにより、無血で絶対王制は崩壊しました。

デンマークの農業において無視できないのが農業協同組合です。農業振興のためにデンマークでは一七六九年に王立農業協会が設立されたし、一八八二年には世界で最初の酪農協同組合がつくられました。個々の酪農家が加入して、飼料の仕入れや乳製品の販売を共同で行うようにして経費の節約を図り、もし事業のうまく進まない酪農家がいれば支援を行うという、相互扶助の活動が目的でした。組合の運営に際しては組合員一人一票の投票権なので、ここにもデンマークにおける平等と民主の精神の発露が見られます。福祉国家デンマークの起源は、農業協同組合にあるといっても過言ではありません。

一九世紀の中期から後半にかけて、デンマークにおいても工業化が進み、労働者階級が増加しました。それに伴って人口が徐々にではあるものの都市に集中するようになり、いわゆる都市・労働者階級が社会で勢力を増すこととなり、当時ヨーロッパを席圏していた社会主義思想がデンマークでも支持を集めるようになりました。一八七八年に社会民主党が成立し、その後徐々に国会での議員数が増加したのです。

隣国で軍事大国であったプロシャ・ドイツの宰相・ビスマルクによる社会保険構想がデンマークにも移入されるようになり、軍事的な脅威のみならず、経済思想も好むと好まざるとにかかわらず、ビスマルクによる影響が大きかったのです。ここで強調しておかねばならないことは、ビスマルクは「アメ」と「ムチ」によって労働者を働かせるために社会保険制度をつくったのです。しかし、デンマークではそれが決定的に異なる姿で導入されることになります。

第一の違いは、制度に加入する人の違いです。ドイツでは労働者に限定されていましたが、デンマークでは労働者のみならず、農家などを含めた全国民が対象で、職業による差を設けませんでした。

これに関しては、デンマークでは福祉政策の恩恵は労働者だけではなく、所得変動の大きい農民や、健康でないとか教育程度の低いことが理由で低所得の人、あるいは引退して所得のない人、というように全国民に恩恵が及ぶような制度にしたのです。ビスマルク・ドイツのように労働者だけでなく、全国民を対象にしたデンマークの制度は画期的だったのです。

このデンマークの全国民を対象とする方式は世界に先駆けて準備されたものであり、この精神は称賛されてよいと思います。この思想が他の諸国にも伝播していったことは、社会福祉の歴史が語っている通りです。ちなみに全国民を対象とした社会保障制度を提唱したことで知られる、第二次世界大戦中に起草されたイギリスの「ベヴァリッジ報告」も実のところその精神の起源は、デンマークに求められてよいのです。この意味からもデンマークは価値のある歴史を、社会保障に関して有しているのです。

第二の違いは、制度の運営方式に関してです。ドイツは保険料徴収を財源にして、一般に賃金に比例拠出・比例給付であるのに対して、デンマークでは税収を財源にして、一般に定額給付です。

給付を受けるに際してミーンズ・テスト（資産調査）が課せられます。前者を社会保険料方式、後者を税方式あるいは社会扶助方式と呼ぶことがあります。

第二に関しては、賃金などから徴収する保険料ではなく、一般の国民の税収を財源にした理由はいくつか考えられます。まずは、参加者が国民全員なので、所得の低い人や所得のない人も多く、その人びとからの保険料徴収は不可能であり、国民全員の税収を財源にするのは自然です。もとより、低所得の人は累進性と課税最低限所得の存在により、所得税を払わない場合や低い税支払いもありえます。他方給付を受けるのも労働者だけでなく多くの一般国民なので、これまた税収を財源とするのが自然です。

特にミーンズ・テストで判別して、生活に困っている人に優先的に給付されるので、税を支払うことのできる比較的所得の高い人から、所得の低い人への所得移転ということも、税収が財源であれば可能となります。保険料方式であれば、自分の保険料として拠出した額が明確なので、人間の気質としてそれを取り返したいという気持ちが強くなり、他人の給付に使われるような再分配に嫌悪感をもつのですが、税金であれば再分配先とその額が不明瞭になるので反対しにくくなります。

ここで第一の違いを現代風にまとめれば、福祉サービスの対象を特定のグループごとにするか、それとも国民全体を同一に扱うかということになり、選別主義か普遍主義かの違いです。第二の違いは、財源を保険料方式とするか、税方式とするかの違いです。

一八九一年に無拠出年金制度が導入された後、二〇世紀前半にかけて、社会保障制度は何度か改訂や統合が繰り返されて、福祉国家への道をまっしぐらに歩むことになります。なお一言述べておくべきことは、医療に関しては一八九二年に保険料拠出を財源にして医療基金制度が法制化されました。この医療保険制度は一九七〇年代あたりまで存続しましたが、その後制度の変更があって医療給付もイギリスの国民健康サービスＮＨＳ(National Health Service)のように税収が使用されるようになりました。従って、一九世紀末から二〇世紀中頃までのデンマークでは、年金は税方式・医療は保険方式の二頭立てでしたが、一九七〇年代以降は年金・医療ともに財源調達は税方式となったのです。

第二次世界大戦前後の歴史に話題を変えると、隣国スウェーデンが中立を保ったのと異なり、デンマークはこれまた南の隣国であるドイツに、第二次世界大戦中は占領された苦い経験を持ちます。終戦後は一九五〇年まで社会民主党が政権にあったものの、その後保守政権と覇権争いを繰り返しながら時代は進みました。二〇〇一年度以降の一〇年間にわたり保守政権が続きましたが、二〇一一年度の選挙で左派が政権を奪回したのです。福祉国家デンマークの特徴は、政権交代があっても基本的には福祉国家であることに変わりはなく、政権は中道右派や中道左派のどちらかといってよく、政権交代によって福祉がやや前進するとかやや後退するということを行っているだけなのです。

デンマークの文化

デンマークの精神的支柱を物語る人として、国民的詩人のグルントヴィ(一七八三〜一八七二)と童話作家・アンデルセン(一八〇五～七五)がいるので、二人を簡潔に紹介しておきます。

まずグルントヴィは、牧師として人生を始めてから詩人となり、北欧の神話やデンマークの自然・風土を題材として詩作を発表し、国民的詩人となった人です。詩の一つを引用して、その内容がデンマーク人の生き方や思想に大きな影響を与えていることを見ておきましょう。

「人生は、平凡で楽しく暮らし、働く生活がよい。

このような生活は、王の生活と交換できない。

年老いた者たちと一緒で、素朴で楽しい生活がよい。

王宮の中も、あばら屋の中も、同じように素晴らしい」(『国民唱歌集』第一七版、四六三番)。

この詩の意味するところは、王宮に住む国王も、あばら屋に住む庶民も平等である、ということであり、平等であることの尊さを説いています。さらに、すべての人が平凡ながらも質素に暮らす生活の楽しさがよい、としているのです。デンマークの精神的支柱、あるいはデンマーク精神の父と呼ばれるグルントヴィの詩によって、国民が平等をいかに大切にしているかを想像できます。後にデンマークは福祉国家の典型国となりますが、思想的にはグルントヴィが一つの背景ないし出発点となっているのです。

次はアンデルセンの童話です。世界的に人気のあるアンデルセンの童話の中で、幸福と関係のある作品をいくつか論じておきます。

まずは、『マッチ売りの少女』です。靴屋の貧しい家庭に育ったアンデルセンは、同じく貧しく育った彼の母に思いを寄せながらこの作品を書いたとされています。冬の寒い夜に貧しい少女が一人マッチを売るのですが、なかなか売れず途方に暮れていたし、寒さに凍え死ぬような状況でした。

そこで自分を温めようとマッチを擦ると、とたんに大きなストーブが目の前に現れたので、少女は暖をとろうとストーブに近寄ったところ、ストーブは目前から消えてしまったのです。次にマッチを擦ると、ご馳走の並ぶ食台が出現したので、少女は空腹をいやすためにそれを手にしようとすると、また突如としてご馳走は消えてしまいます。三本目のマッチを擦ったら今度はクリスマス・ツリーが出現して、やはりすぐに消えてなくなりました。そこで少女は多くのマッチを擦って何かを得ようとします。しかし、現れたのはおばあさんでした。そのおばあさんは、少女を連れて天国に昇っていったのです。翌日、残ったマッチを抱えながら少女が死んでいる姿が発見されたのです。

次は『人魚姫』です。コペンハーゲンの浜の一角に人魚姫の像があり、目立たぬ像でありながら名所となっており、私も見たことがあります。若い頃に何度も女性に恋をしながら失恋ばかりを繰り返したアンデルセンの人生を投影している、とされる物語です。

この『人魚姫』は海底に住む六人の人魚のお姫様たちのうち、末娘の話です。一五歳の誕生日に海上に出て、そこで船に乗る若き王子に出会い恋をすることになります。嵐に遭遇したその船で人魚の助けによって、王子は九死に一生を得るのです。ところが王子はたまたま浜を通りがかった娘が自分を助けて介抱したと思い込み、この娘と結婚を約束してしまう。悲嘆に暮れた人魚姫は、ナイフで王子を殺せば人魚に戻れると魔女から教えられるものの、どうしても王子を刺すことができず、海に飛び込んでしまい、空気の精となって天国に昇っていった、という物語です。

アンデルセンの童話には他にもいくつか有名なものがありますが、ここで取り上げた『マッチ売りの少女』と『人魚姫』は、本書の冒頭で紹介したメーテルリンクの『青い鳥』とどことなく似ている点があると私は思っています。どこが似ているかといえば、人間は幸せを求めようとすると、たとえそれが得られることがあってもそれはすぐに消えてしまう、あるいは去ってしまう、ということを暗示しているからです。さらに、幸せを求めることはあってもいいが、あまりにも自分の境遇からかけ離れた高望みをすれば、いずれ不幸の底に落ちることがある、という警告を発していると解釈できます。換言すれば、人はそこそこの幸せを求めることによってこそ、満足度の高い人生を送ることができるのである、との教訓をメーテルリンクもアンデルセンも言いたかったのではないでしょうか。

これまで示したメーテルリンクの戯曲とアンデルセンの童話から得られた私流の解釈は、実は私の幸福に対する見方と同じです。幸せを求めることはあってよいが、決して自分の手の届かないようなことを求めるな、自分の境遇にあったそこそこの幸せを求めるのがよい、ということです。さらに幸せが得られることに越したことはないけれども、それに有頂天になって慢心してはいけない、ということになるでしょう。ここで述べた私の解釈をデンマークの人びとは実践しているように思えるのです。

恵まれた福祉制度

デンマークの人びとがいかにして福祉国家の道を歩んできたかを歴史的に議論してきましたが、福祉の現状について少し述べておきます。福祉の歴史を語ったときに、デンマークの年金、医療制度がどのような財源を用いて、どのような支給原則に立脚してきたかを述べました。それをまとめておきます。それは、職業とは無関係に国民を同一の制度で処遇し、財源は保険料ではなく税を中心に調達したものとなっています。

すなわち、例えば年金であれば高所得者と低所得者に差を設けない定額給付で高齢者のほぼ全員が生活できる年金給付を受けています。ちなみに、年金給付額は夫婦で二〇一二年度がおよそ年額二五七万円、単身で二〇一万円前後なので、決して高額ではないけれども恵まれた給付額といってよいのです。この額だと貧困の高齢者は出現しないでしょう。

他の社会保障制度についても述べておきます。まず医療ですが、原則は一患者が支払うべき医療費はほぼ無料です。医療システムは初期段階の医療を行う家庭医と保健師、高度な治療を行う第二段階の専門医や病院に区分されており、もし家庭医で対応が困難なときは専門医に送られるのです。原則無料という極めて寛大な医療制度なので、国家予算の一〇%を医療費が占めるまでになっています。診療の抑制が試みられており、診察や入院には日数制限や制限項目が設定されていることが多く、これは医療費を抑制するためにはある程度やむをえないことです。

介護制度も原則は無料です。介護を必要とする人は申請を行い、審査の末に介護サービスを受けられます。デンマークにおける特色は、コストのかかる施設での介護はできるだけ抑制して、可能な限り在宅介護を行っていることにあります。従って訪問介護が中心であり、それも二四時間のサービス提供を行っているのです。

以上、年金、医療、介護などのサービス提供はとても寛大なものとなっているのがデンマークの特色なのです。これに関してもう一つの特色は、この国の福祉制度の歴史的発展で強調したように、給付のほとんどを税収で賄っていることにあります。社会保険料での徴収は非常に少なく、税収を年金、医療、介護などの給付に用いているのです。

税金ではなく保険料を失業基金に拠出して運営している制度に失業保険があります。失業したときの手当は月額約二三万円ほどが二年間も支給される寛大なものといえます。過去には四年間の給付をする時期もあったというから驚きです。しかし後述するように、なるべく失業者数を少なくするような労働政策をとることによって、怠惰な人に失業給付を行うということを避けています。

これらの福祉制度がもたらす効果をまとめてみると次のようになります。第一に、国民をほぼ平等に扱うという精神が浸透しています。どこの国でも国民の間に所得格差は存在しますが、少なくとも福祉制度の適用に関しては、格差の存在を理由として福祉制度の給付に大きな差を設けない、という主義を採用しているのです。最低限の生活保障と安心を国民全員に与えているわけです。

第二に、福祉のみならず、教育の分野にも多額の公共支出がなされていることを強調しておきます。義務教育は当然として、高等学校、大学での授業料は無料です。ただし重要なことは、高校進学率は五〇％前後という低さであるし、大学進学率にいたっては二〇％前後の低さということです。日本では前者が九七％、後者が五〇％強であることと比較すると、大きな違いがあります。これだけの低い進学率であれば、無償の高校・大学教育制度も可能なのです。

これに関しては、千葉（二〇〇九）が興味ある解釈をしています。そもそも人間の生まれつきの能力・学力分布を考えると、日本のように高い進学率であれば高校・大学教育についていけない生徒・学生が在籍しているのであり、これは無駄な教育をしている、むしろデンマークはそのことを配慮して進学率が低くなっているので、正当な教育政策であるとの主張です。

第三に、これだけの質の高い福祉と教育が国民に提供されるのであれば、国家はその財源を国民から徴収せねばなりません。二〇〇八年度において国民所得に占める税と社会保険料の国民負担率は、六九・九％と世界の中で最高のグループの負担となっています。ちなみに、スウェーデンは五九・〇％、ノルウェーは五四・八％、フィンランドは五九・三％と、福祉国家である北欧諸国は軒並み高いのですが、特にデンマークの高さが印象的です。これに比べると、日本は四〇・六％とかなり低いといえます。

デンマークに関してよく言われることは、所得格差が大きくないことを前提にして、高額所得者の所得税率は医療賦課税や労働市場献金を含めて約六〇％（なお医療賦課税とは医療給付に用いられる地方税、労働市場献金は失業手当用の財源である）。中間層の税率は四〇％台で、日本よりは高いとみなせます。ところがこれに消費税（正確には付加価値税）が二五％の課税率なので、かなり重い負担がデンマーク国民に課せられていることがわかります。

第四に、興味あることには、これだけ高い負担が課せられているにもかかわらず、国民が大きな不満を述べずに、消極的にせよ負担を受け入れていることです。これは、千葉(二〇〇九)、橋本(二〇一〇)、銭本(二〇一二)などが主張するように、負担に見合う質の高い福祉サービスを公共部門から確実に受けられる、という確信を国民の大多数が感じているからです。「生活に不安がない」という思いが強く、「生活に困ったときには政府が支援してくれる」というセーフティ・ネットの充実があるからこそ、デンマーク人は高負担を容認しているのです。だからこそ、デンマーク国民は幸福度が世界一高いという判断をしているのです。

経済の強さが福祉を支える

非常に高い福祉サービスを受けながらも、これまた非常に高い負担を国民が受け入れているのは、デンマーク人が歴史的に自分達で蓄積してきた連帯意識の強さがあるからです。これに加えて、背後から支える国の経済の強さがあります。さらに貧富の格差の小さいことが国民の幸福度を高めていることをここで示します。

まずは国の経済の強さを一人当たりGDPで見てみましょう。**表3-1**は世界各国のGDPをドル表示で比較したものです。デンマークは第七位という高い位置なので、世界の中では経済の強さは最上クラスにいることがわかります。これは国民が高い所得を得ていることを示しているので、

表3-1　ドル表示による名目1人当たりGDP（2011年，U.S.ドル）

1	ルクセンブルグ	115.809
2	カタール	98.144
3	ノルウェー	97.607
4	スイス	83.073
5	オーストラリア	66.371
6	アラブ首長国連邦	63.626
7	デンマーク	59.709
8	スウェーデン	57.638
9	カナダ	50.496
10	オランダ	50.216
	⋮	
14	アメリカ	48.328
	⋮	
17	日　本	45.87

出所）*International Financial Statistics*, 2012年10月号

これまでに見た高い税などの国民負担率を可能にする余地があるのです。もっとも高い家計所得でありながらも、代表的にはアメリカや日本のように低い税・社会保険料負担率の国もあるので、高い所得が即・高い負担率につながるとは限りません。デンマーク国民がなぜ高い負担率を認めてきたかの理由については、ここまで述べてきた歴史的な経緯と国民性・文化によるところが大きいことを再述しておきます。

なぜデンマークの経済は強い、すなわち生産性が高いのでしょうか。いくつかの理由をここで述べておきます。第一に、ＩＭＤ（国際経営開発研究所）の統計によると、ＩＴ先進国として北欧諸国の生産性が高いことがあります。二〇一〇年度において、ＩＴ競争力のランキングはスウェーデンが第一位、デンマークは第二位なのです。各産業においてＩＴ技術を活用する程度が高く、かつその効果も高いのであるから、各産業の生産性が高くなるのは自然なことと考えていいのです。

第二に、弱い企業、あるいは弱い産業を保護して、それらを存続させる産業政策から決別して、強い企業、あるいは強い産業の市場への参加を奨励していることがあります。すなわち政府は経営不振に陥った企業を支援せずに、自然淘汰されることを黙認しているのです。そうすると別の新し

い企業がビジネス・チャンスを求めて出現する余地が高まるのです。

第三に、企業が退出するのであるから失業者が生まれることは避けられませんが、これらの失業者が別の企業に採用されるような労働市場が整備されているのです。具体的には、既に述べたように失業保険制度が充実しているので、生活に困ることはありません。とても重要なことは、転職する労働者には職業訓練が手厚く用意されていて、新しい企業や産業での仕事に就けるような制度が用意されています。失業者のみならず、一般にデンマークの労働市場は流動性が高く、転職に抵抗はないのです。

デンマークの労働市場はＯＥＣＤによって「フレクシキュリティー・モデル」として評価されています。これはフレキシビリティ（柔軟性）とセキュリティー（保障性）の双方を有するという意味の造語です。具体的には、労働移動の流動性が高く、失業保険制度が充実しており、かつ職業訓練や職業紹介を政府が積極的に行う、ことなどです（翁・西沢・山田・湯元（二〇一二）を参照されたい）。

第四に、既に紹介したように国は高い教育費を支出しており、進学率は高くないですが、それぞれの学校では学力を高くしていますし、仕事に関しても高い技能を持てるような訓練を施しているのです。すなわち、一人ひとりの労働生産性が高いので企業の生産性が高くなるのです。

第五に、企業の生産活動を活性化し、競争力を高めるために、法人税率をかなり抑制していることも指摘しておきましょう。すなわちデンマークの法人税率は二五％であり、日本よりも低いことがわかります。デンマークをはじめ北欧諸国の国民負担率は高いのですが、その負担を企業に求めず、国民に求めているのです。その精神は、「企業を強くすることによって家計所得を高くし、福祉や教育のサービスを受ける国民に直接負担してもらう」ことだといえるのではないでしょうか。

表3-2　OECD諸国の所得格差（ジニ係数）

アメリカ	0.379
イギリス	0.345
イタリア	0.337
日　本	0.329
カナダ	0.324
韓　国	0.315
ドイツ	0.295
オランダ	0.294
フランス	0.293
フィンランド	0.259
スウェーデン	0.259
ノルウェー	0.250
デンマーク	0.248

注1）所得は世帯人数で調整された世帯可処分所得を用いている．
2）観測年は2000年代末．
3）旧社会主義国と中進国を除き，先進国も主要国に限定した．
出所）OECD，Facebook 2011-12.

デンマークの経済の強さを語るとき、忘れてはならないことがあります。それはデンマーク女性の働く率が高いということです。現代では男性の就業率が七九％、女性が七四％なので、女性の働く比率は男性のそれよりも少しだけ低いにすぎず、育児休暇中の女性を除いて、既婚・未婚の女性のほとんどが就労しているのです。このことは経済を強くすることに加えて、既婚者であれば家計所得を高くすることに寄与します。デンマーク経済の強さと国民所得の高さを説明する一つの鍵が女性にあります。

さらに女性の就労を支援するために種々の子育て支援政策が導入されています。育児休暇制度のみならず、保育園施設の提供、子ども手当の支給などの様々な制度が乳・幼児を持つ親に準備されているし、デンマークでの特色は母親のみならず、父親も積極的に子育てに参加していることにあります。国を挙げての子育て支援政策が女性の就業率をほぼ男性並みの水準にまで高めているのです。

次の話題は、国民の平等性への強い支持が生み出す効果です。まずデンマークの所得再分配が平等性の高いことを確認しておきましょう。**表3－2**は先進諸国における再分配所得(すなわち課税前所得から税・社会保険料拠出を控除して、社会保障給付額を加えた所得)の不平等度をジニ係数で示したものです。先進国のすべてを網羅した表ではありませんが、デンマークのジニ係数は非常に低く、所得分配の平等性がとても高いことがわかります。国民の間での貧富の格差が非常に小さいのであり、国民の大多数は中流の所得稼得者なのです。ちなみに、スウェーデン、フィンランドなどの北欧諸国の所得格差も非常に小さいのです。

表3-3　職種別初任給

職　種	平均初任給
販売店員	1万9993 kr(29万9895円)
農　家	2万2720 kr(34万800円)
受付担当銀行員	2万5987 kr(38万9805円)
塗装工	2万7488 kr(41万2320円)
美容師	2万7831 kr(41万7465円)
看護師	2万6205 kr(39万3075円)
鍛冶工	2万8600 kr(42万9000円)
国民学校教師	3万1295 kr(46万9425円)
新聞記者	3万4450 kr(51万6750円)
弁護士	3万9967 kr(59万9505円)
家庭医	3万5835 kr(53万7525円)

注)週37時間労働.
出所)Uddannelses Guiden より．銭本(2012)から引用.

この平等性の高いことを賃金分布で見てみます。**表3－3**は労働者の職業別賃金を示したものです。この数字は初任給なので、経験年数を重ねることによって有能な人とそうでない人の差が生じて賃金格差が拡大する可能性はありますが、初任給はむしろ職種による差を純粋に反映しているというメリットがあります。

この表でもっとも印象的なことは、職業別の賃金格差が非常に小さいことです。この表でもっとも賃金の高い職業は弁護士であり、逆にもっとも低い職業は販売店員ですが、その差はおよそ二倍にすぎません。日本やアメリカであれば、初任給であっても三〜四倍以上の差があることを考慮すると、デンマークでは職種による賃金差が小さいことがわかります。

日本やアメリカでは医師、弁護士は高い教育を受けており、しかも困難な仕事に従事しているので高い賃金を得ているのですが、デンマークでは高い教育や高度で複雑な仕事への報いをそれほど高くしていないのです。むしろ人間としてすべての人がそこそこ食べていける賃金を支払うということが公平な処遇である、と多くの人が信じていると判断できないでしょうか。換言すれば、デンマーク国民は平等性に高い価値を見出していると解釈できます。このことは**表3－2**で示された低いジニ係数による所得格差の小さいことでも確認できます。

ここで所得分配の平等性の高いことが、なぜ国民の幸福度を高めるかをまとめておきましょう。第一に、極端に所得の高い人がその国民の中にいれば、人びとはそういう人を羨ましく思う可能性があり、そういう人は自分の不幸を感じる程度が高まる可能性があります。

第二に、自分を貧乏と感じる人の数が非常に少ないので、少なくとも大多数の人が経済的な生活に困らないのであるから、自分を不幸と感じないどころか幸福と感じる程度が高まります。

第三に、第一と第二の点を別の言葉で述べれば、自分の周りにいる人が自分と同じ水準の所得を得ていることを知ることになるので、国民の大多数が中流にあると認識することになります。このことは高い所得を求める人にとっては不幸と感じることもあるかもしれませんが、デンマークにはそういう人の数は少ないのです。

なお、所得分配の不平等、格差の効果については、第4章でもっと詳しく議論します。

まとめ

デンマークは比較的暖かい気候と平坦な土地のおかげで農業が強く、経済はやや豊かな国でした。農業協同組合が発展したことで国民の間に自由・平等・民主・連帯の意識が醸成され、早い時期に王制から民主政治に転換しました。お隣のプロシャ・ドイツで発展した社会保険制度を早々に導入し、国民の福祉制度を充実することに熱心でした。自由・平等・連帯の意識はますます強くなり、質の高い福祉国家を形成することとなったのです。国民は所得格差が小さいながらも平均としては比較的高い所得を得るようになるし、福祉が充実していることから安心して生活できるという認識を持てるので、大半の国民が幸せと感じる国となったのです。

2　ブータンの幸福

国民の九七%の人が幸福

二〇〇五年度の国勢調査によって、九七%の国民が「自分は幸せである」と感じていることが報告され、世界中に驚きと衝撃を与えた国がブータンでした。まだ経済成長を達成した国ではなく、発展途上国にある小国ブータンにおいて、一〇〇%近くの人が貧困にもかかわらず幸福と感じているというのは、どういうことなのかという関心が向けられ、ブータンがパラダイスの国として脚光を浴びたのでした。

ブータンの貧困率は当時で二三・二%の高さであり、一人当たりGDPにおいても一四一六ドルという低い生活水準にあるので、決して経済的には豊かではない国において、国民が不幸と感じていないという事実は、いわゆる幸福度研究においても、これをどう考えればよいかという論点を提供したのです。現にブータンの事例は、幸福とは何か、経済的豊かさは必ずしも人の幸福に結びつかない、などといったことを研究するきっかけを与えたのです。

ブータンという国を簡単におさらいしておきましょう。北を中国、南をインドという超大国に接する地域にあり、人口はおよそ七〇万人ほどしかいない小国です。しかも国土は数千メートル級の山に囲まれて平地が少なく、農業やその他の産業を盛んにするには不利な状況にあります。国民が経済的に豊かになれない理由がここにあります。

ブータンにおいて重要なことは、国民の大多数がチベット系の仏教徒である、ということにあります。仏教にも様々な宗派がありますが、ブータンにおける仏教は、例えば子安・杉本(二〇一二)の中の座談会で示されるように、「よいことをすればよい結果が返ってくる、悪いことをすれば悪いことが返ってくる」といった倫理的な思考を大切にするところがあり、人はできるだけよいことをしたい、という願望を持つのです。さらに、「いただきます」「ごちそうさま」「おかげさまで」

という仏教的な発想が民衆の中に根付いていたので、常に感謝の気持ちを抱きながらの生活です。そうすると、「自分の田畑を増やしたいといった経済的な豊かさを求めるよりも、いかにしてみんなと楽しい時間を過ごすかといったことを優先する」という傾向が人びとにあるとされたのです。

こういう人びとの精神的な思いがあると、国民は経済的に豊かになって楽な暮らし、あるいは華美な消費を求めるというよりも、日頃の生活において家族や地域の人びととの楽しい語らいや助け合いといった結びつき、あるいは安心のある生活に生きがいを感じるようになります。現に医療と教育は無料なので、国民は健康に関して安心を感じることができるし、教育を受けたい人にとっても費用の心配はありません。ただし、教育が無料というのは、まだ教育制度が未発展なので、国家が払う教育費が少なくてすむという事情があることを忘れてはならないでしょう。

ＧＮＨ（国民総幸福）

ブータンは必ずしもＧＮＰなどで示される経済的な所得や消費という裕福度だけに依存しないような、他の要素をも考慮に入れた指標を開発したことで有名です。シグメ・シンゲ・ワンチェクという第四代目の国王が、一九七二年に即位して一九七六年の二一歳のときにＧＮＨを提唱して、これはＧＮＰよりも重要であると世に問うたのです。これが世界的に注目を浴びたのでした。一九七二年にローマ・クラブが「くたばれＧＮＰ」という標語の下に、『成長の限界』を出版して経済成長第一という世間に警鐘を鳴らしたり、一九七三年に始まったオイル・ショックによって世界経済が低迷するようになった、という時代的背景もこのGNHの意識が評価される理由となっていたのです。

ここでGNHがどのような要素で構成されたのか、簡単に見ておきましょう。GNHには次の四つの柱があります。すなわち、①経済的自立、②環境保護、③文化の推進、④良き統治、です。所得といった経済的な要因は四つの柱のうち①に入っているにすぎず、他の三つは環境、文化、政治といった非経済的な要素が幸福感の評価に入っていることに注目してください。環境保護は自然を大切にするブータン国民の思いに呼応するし、文化はチベット仏教の教えを忠実に守る文化と家族の絆を大切にする人びとの思いを反映させるし、良き統治は王制が政治的にうまく機能している現状を追認するもの、と解釈できなくはありません。国家の指導者が、ブータンの人びとが経済的要因以外で高い幸福度を示すことを期待している、と解釈すれば皮肉な見方になるでしょうか。

ブータンはGNHの評判が良かったことに自信を得て、二〇〇六年にそれを充実させるために、GNHの拡大版を打ち出したのです。次の九つの指標を新しく考慮しています。大橋(二〇一〇、二〇一二)や技廣・草郷・平山(二〇一一)にその解説があるので、それを引用すると、①時間の使い方、②良き統治(政治)、③身体面の健康、④文化の多様性、⑤地域(コミュニティ)の活力、⑥暮らし向き(生活水準・所得)、⑦心の健康、⑧生態系(環境保護)、⑨教育、です。

以前の四つの要因指標に新しく加わったのは、時間、健康、地域の活力、精神面の幸福、教育という五つのことです。これを打ち出したブータン総研(Centre for Bhutan Studies: CBS)の意図は、指標を定量的に計測できるものばかりでなく、定性的なものや質的なものも含め、幸福度の指標として数量化しにくいという特性をもたせているということです。もっとも先進国を中心とした他国の幸福度指標においても定性的な評価しかできない変数が増加しているので、この傾向はブータンだけの特色であるとは断定できません。

ブータン総研はこれら九つの指標を用いて、ブータン国民の幸福度を数量化しています。その結果が**表3－4**に示されています。総合評価は〇・八〇五で、ほぼ八割前後の人びとが幸福としているので、かなり高い幸福度と理解できます。個々の指標に注目すると、もっとも高いのは時間の使い方の〇・九七〇であり、働き過ぎの状態にはならないブータン国民が時間的なゆとりを感じていることがわかります。これが発展途上国のメリット(時間に余裕がある)でもありデメリット(すなわち所得が高くない)でもある、という両面の解釈をしておきます。逆にもっとも低いのが〇・五四八の教育であり、国民の多くが希望するレベルの教育を受けられていないことへの不満の高さと解釈できます。

表3-4　ブータンのGNH指数
(2005年当たり)

GNHの領域	GNH指数
心の健康	0.772
生態系	0.713
健　康	0.855
教　育	0.548
文　化	0.852
暮らし向き	0.814
時間の使い方	0.970
コミュニティーの活力	0.838
良い政治	0.880
総　合	0.805

出所）技廣・草郷・平山(2011).

九つの指標を高い順に並べると、時間、良い政治、身体の健康、文化の多様性、コミュニティの活力、暮らし向き、心の健康、生態系(環境保護)、教育となります。暮らし向き(すなわち生活水準、所得)が第六位の順なので、そろそろブータン国民が経済が豊かでないことを気にし始めて、もう少し裕福な生活をしたいという希望を持ち出したと解釈することが可能です。

この解釈を裏付けるデータとして、技廣・草郷・平山（二〇一一）に掲載された二〇〇六〜〇七年度の調査を示しておきます（**表3－5**）。これは健康、経済、仕事、家族という四つの次元において、ブータンの人びとがどれだけ満足しているかを示したものです。この表によると八六・六％という高い比率で満足しているのは家族面でのことであり、逆にもっとも低い満足度が経済面で三九・四％にすぎません。経済面は「まあ満足」の四〇・九％を加えると、まだ八〇・三％の人がそれなりの満足を感じてはいるものの、健康面や仕事面と比較すれば、その比率はやや低いといえます。現代のブータン人の特色をまとめれば、家族関係においては大いに満足している一方で、経済的な豊かさに関しては満足している人の比率がやや低くなっています。後者は先述の私のやや皮肉な解釈と一致する結果といえます。

表 3-5　ブータン人の生活満足度（2006-07 年度，%）

	満　足	まあ満足	あまり満足ではない	満足ではない
健康面	56.0	34.0	5.4	3.4
経済面	39.4	40.9	13.4	5.4
仕事面	62.9	26.9	6.0	1.7
家族面	86.6	10.3	2.3	0.3

出所）技廣・草郷・平山(2011).

GNHの評価

ブータン国民の幸福度は非常に高いという情報は世界中をかけ巡り、国民の豊かさは所得が高いといった経済的な豊かさだけでは示されない、という公理を定着させるのに大いに役立ちました。もっとも先進国にあっても、イースタリング仮説で示されたように、一人当たりＧＤＰといった家計所得の伸びが必ずしも生活満足度につながらないと認識されているので、先進国と後進国に共通の認識として、所得だけが幸福度を示す変数ではない、といった方がよいでしょう。

ブータンに特有なことを補足すれば、ＧＮＨの中に非経済的な指標や精神的な幸福が考慮されているので、仏教の思想を大切にする国民の精神的な面が高い幸福度に反映されているだろうと想像できます。さらに、ブータンの地方では情報が乏しく、外国の人びとがいかに豊かな消費生活を送っているかを知らない、ということで物質的な豊かさに無関心である、という国情を無視できないのではないでしょうか。

二〇世紀末に東ドイツや東欧諸国において民衆が西側諸国のように経済的に豊かになりたいと希望して動乱を起こしたのは、これらの人びとがテレビやその他のメディアを通じて西ドイツをはじめとする資本主義国の人びとが豊かな経済生活を送っていることを知ることができたので、自分達もそうありたいと願うようになったことが大きい。ブータンの人びとはそういう経済的に豊かな生活ぶりを知る機会がさほどなかったので、今のままの低い生活水準で満足していたのではないか、というのがここでの解釈です。

しかし時代は進み、二〇〇八年になるとブータンは王制を廃し、立憲君主による議会民主制の国家となりました。憲法第九条でＧＮＨを国是とするほどにＧＮＨを重視する政策を採用したのです。

さらに時代は進んで情報社会の波はブータンにも押し寄せ、国民は他の国のことを知るようになりました。人びと、特に若い人たちを中心にして、「電気冷蔵庫や自動車がほしい」といったように豊かな経済生活を希望するようになったと報告されています。そうすると自分達の貧しい経済生活にいらだちを感じるようになり、豊かな経済生活を送ることのできない国家に住むことを不幸と感じ出したのです。

『朝日新聞』(二〇一二年七月一日付)によると、二〇一〇年におけるブータン国民の幸福度調査では、人びとのうち四一%しか「幸せ」とは回答していません。二〇〇五年の九七%から半分以下の低落というのは、質問や手法の異なる調査なので留意は必要ですが、国民がかなりの程度幸福度を低下させているものと推察できます。これは既に述べたように国民が外国の人びとの豊かな生活を知るようになったことに加えて、人生において経済生活の果たす役割が大きいと思うようになったことが影響していると推察できます。換言すれば、家族の絆を中心にした貧乏生活だけでは幸福を感じることができない、とブータン国民が思い始めたのです。先進国のようにある程度の所得がないと満足な生活とはならない、あるいは幸福な人生のためにはある程度の所得が必要である、と思うようになったと解釈しておきましょう。ブータンも先進国への道を歩まねばならないという国民の意思表示なのです。

第 4 章

不平等, 再分配政策と幸福

国民の間に不平等、格差が拡大する時代となっています。特に所得格差の拡大が多くの国で観察されるようになったし、日本も例えば橘木(一九九八、二〇〇六)で示されるように、格差拡大の例外ではない国です。所得の高い人ほど幸福度が高いのは事実であるから、所得格差が拡大すれば貧困者の数が増加するので、不幸を感じる人の数が増加するかもしれません。先進諸国では格差是正のために、税や社会保障と教育政策によって再分配政策が実行されていますが、これらが国民の幸福感にどのような影響を与えているのでしょうか。本章で議論してみます。

1　不平等の効果

所得の高低によって幸福度が異なる

所得の高い人ほど幸福度が高いだろう、という命題に多くの人が賛同すると思われます。逆に言えば、所得の低い人ほど幸福度が低い、ということになります。この命題をいくつかの研究例から検証しておきましょう。

まず日本ではどうでしょうか。前の章で既に紹介しましたが、**表4－1**は大竹・白石・筒井（二〇一〇）による世帯所得階層別の幸福度で、復習と追加の解釈をしておきましょう。ここで四分位とは、所得の低い人から高い人までを順に並べて、下位二五％の順位にいる人を第一分位の階層、その上二五％にいる人を第二分位とし、第四分位にいる人は所得の高い階層を意味します。

表は「全体として、あなたはどの程度幸福だと感じていますか」という問いに対して、最不幸の〇から最幸福の一〇段階までの回答を、不幸を〇～三、どちらでもないを四～六、幸福を七～一〇に三分類にして日本人の幸福度の分布を示したものです。なお世帯人員によって家計所得を調整していない数字を所得として用いていることに留意してください。

これによると、不幸と感じている人の割合は所得の低い階層ほど高いし、幸福と感じている人の割合は所得の高い階層ほど高くなっていることから、所得が高い人ほど幸福を感じている、という命題は日本でも正しいと結論づけられます。この表で興味深いことは、「どちらでもない」と回答している人が下位の所得階層で四四％、上位の所得階層で二八％もいて、言わば幸福でもないかわりに不幸でもない、という層がかなりいます。たとえ高所得者層であっても幸福を感じている人は高々六九％にすぎません。これらのことは幸福かどうかを判断するときに、所得以外の要素がその基準になるかもしれない、ということを暗示しています。それらは、家族であり、結婚であり、仕事のことであり、余暇のことであり、人間関係のことであり、健康のことであり、といろいろな要素が考えられます。日本人が所得以外のことの何に「幸せ」を感じるのか、本章での研究課題であります。

表 4-1　世帯収入と幸福度

世帯年収階層(4 分位)	不　幸(0～3)	どちらでもない(4～6)	幸　福(7～10)	合　計
1(下位 25%)	13.90	43.98	42.12	100
2	8.29	37.79	53.92	100
3	8.89	33.89	57.22	100
4(上位 25%)	2.98	28.15	68.87	100
合　計	9.31	37.26	53.43	100

出所)大竹・白石・筒井(2010).

とはいえ、人間は食べて生きていかねばなりません。そのためには、「お金」すなわち所得が必要であるし、多くの人ができるだけ裕福な生活を願うというのは至極自然なことです。それを踏まえると、所得の高い人ほど幸福度は高くなる、という命題は正しいことと理解できます。

外国の場合

①アメリカ

幸福に関して、日本人が一番興味と関心を抱くアメリカではどうでしょうか。**表 4－2** は、日本と同様に所得階層を四分位に分けて、アメリカ国民に幸福度を問うたものです。両者の違いは、日本の表では中間の評価をした人を「どちらでもない」と命名し、アメリカの表では「かなり幸せ」としていることにあります。「どちらでもない」と「かなり幸せ」では言葉の響きが異なります。ただしどちらも幸福度を三つのクラスに分けているので、同じ基準に近いと理解してよく、結果の意味に大差はないと思われます。

表 4-2　アメリカにおける所得階層ごとの満足度の違い（1975-92 年，％）

	あまり幸せではない	かなり幸せ	非常に幸せ
第 1 分位	19.88	56.04	24.07
第 2 分位	12.52	58.02	29.46
第 3 分位	8.98	56.22	34.80
第 4 分位	6.08	53.14	40.78

出所）Rafael Di Tella, Robert J. MacCulloch, and Andrew J. Oswald (2003), "The Macroeconomics of Happiness", *Review of Economics and Statistics*, p. 809.

アメリカ人の幸福感も日本人と同様に、所得の高低によってその評価が決まる基本は同じです。すなわち、所得の低い人ほど幸福度が低く、逆に高い人ほど幸福度が高いので、洋の東西を問わず、家計所得の高低が人びとの幸福感に与える効果は同じです。人の「幸せ」は経済の豊かさによってかなりの程度左右されるのです。

ただし、日米間に微妙な差のあることに気が付きます。それは日本でいう「幸福」、アメリカでいう「非常に幸せ」と感じる人びとの割合に関して現れています。すなわち、日本人の方がすべての所得階層においてアメリカ人よりも二〇～三〇ポイント、その比率が高いのです。これは日本人の方が「幸せ」と感じる人の比率が、アメリカ人のそれよりも高いことを意味します。

この両国の間に生じた差を説明する要因はいくつか考えられます。第一に、日本人の方がアメリカ人よりも人生の見方に楽観的になる性格を有している可能性があります。第2章でしたように、日本人の性格が外交的あるいは陽気な人ほど幸福感が高いと感じているので、日本人の方がアメリカ人よりも外向性、開放性の性格が強いと解釈できます。これは私達が一般に日本人とアメリカ人を心理的な性格で評価する認識とは異なる点ではないかと思います。すなわち、アメリカ人は開放的で陽気な性格の持主で、日本人は内向的で神経質な性格の持主と、一般には理解されているのではないでしょうか。日米の性格の差に基づく解釈ではうまく説明できないことになります。

第二に、日本人は家計所得の豊かさを基準にして幸福度を評価する程度が、アメリカ人のそれよりも高いという論理が成立していれば、ここでの日米の差をうまく説明できることになります。アメリカ人は、経済の要因よりも他の要因(例えば家族、仕事、社会のことなど)によって自分の幸福度を判断する程度が高い国民であるかもしれないのです。日米間の心理的な性格の違いを正確に知ることができないので、ここで示した第一、第二の仮説は暫定的なものにすぎない、としておきます。

表4－3はアメリカに関して、もう少し所得階層を詳しく分類(すなわち十分位)したものです。ここでの幸福度は、「あまり幸せではない」(一・〇)、「かなり幸せである」(二・〇)、「とても幸せである」(三・〇)で、それらの平均値として示したものです。ここでの所得は、世帯人員の数で調整した

等価所得を用いています。

全サンプルの平均が二・一七なので、アメリカ国民全体の「幸せ」は「かなり幸せ」の少し上とみなせます。この表で知りたいことは、所得階層を詳しく分類したときの幸福度の違いにあります。もっとも所得の低い第一分位の人びとの幸福度は一・九四ともっとも低いのですが、驚くことに、「かなり幸せ」よりほんの少し下にいるだけです。すなわち最貧階層であっても、アメリカ国民はそれほど不幸であると感じていない、ということになります。

表 4-3　所得階層別に見た等価所得と幸福度との関係
（アメリカ，1994-96年）

	幸福度の平均a)	等価所得の平均b)（1996年の米ドル換算）
全サンプル	2.17	20,767
第1・十分位数	1.94	2,586
第2・十分位数	2.03	5,867
第3・十分位数	2.07	8,634
第4・十分位数	2.15	11,533
第5・十分位数	2.19	14,763
第6・十分位数	2.29	17,666
第7・十分位数	2.20	21,128
第8・十分位数	2.20	25,745
第9・十分位数	2.30	34,688
第10・十分位数	2.36	61,836

注)「わからない」と無回答はサンプルから除いている．
a)幸福度の平均は「あまり幸せではない」=1，「かなり幸せである」=2，「とても幸せである」=3，として計算している．
b)等価所得は，世帯所得を世帯人員数の平方根で割ったものである．
出所)Frey and Stutzer (2002)．データはNational Opinion Research Centerの総合的社会調査GSSを用いている．

なぜ最貧階層の人びとが高くはないものの、それなりの幸福度を感じているのか、いくつかの理由を呈示しておきます。第一に、アメリカは所得階層間あるいは職業や企業の移動がかなり頻繁なので、今日は貧乏であっても明日はお金持ちになっているかもしれない、という希望のある社会であり、今は耐え忍んでおけばよいということから不幸と思わない。このことはボック(二〇一一)、フライ(二〇一二)などをはじめ、多くの論者の指摘する点です。

第二は、アメリカには自立を重んじて、多くを自己責任に帰する国民性があるので、自分の今の貧乏は自分が怠けているからだ、もっと頑張ればいい職に就けて高い所得を得ることができるかもしれず、今は短期的に「あきらめ」ておこうと思うので、不幸と感じないのです。私が滞米中のテレビ番組の中で、大都会のホームレスの人にキャスターが「ホームレスでいることで、社会をうらみますか」と問うたとき、なんと「自分に責任があるから社会をうらむことはない」と回答していたことに接して、ある種の感動を覚えたことがあります。社会学の専門誌で、ホームレスへのアンケート調査において、約半数のホームレスが自己の怠慢からこうなっているのだ、と答えている報告を読んだこともありますし、経済学の論文で、アメリカ人の六〇%は貧困の人は怠惰だからなのだと信じているという報告もあります(Alesina, Glaeser and Sacerdote, 2001)。

逆の発想もできます。アメリカには巨額の富を獲得した人が少なからずいるわけですが、庶民はこれらの人の巨額の所得・富はその人びとが大きな努力をして人より頑張って得たものであるから、むしろそれを賞賛する傾向があります。従って貧困の人が高い所得・富を得た人を嫉妬することはなく、自立の精神の発露として気にしない傾向もあります。

この表で得られるもう一つの興味ある事実は、所得が上昇するにつれて幸福度の上昇することは当然のこととして、その上昇の程度に関することにあります。それは所得階層が一つ上がるごとに、幸福度の増分は逓減的に減少する点にあります。例えば，下位の五グループの幸福度は平均で〇・〇五ポイントの上昇ですが，上位五グループでのそれは〇・〇三ポイントの上昇にすぎないのです。これは所得が高くなればなるほど，幸福度の増分は逓減的に低下していることを示しています。経済学を学んだ読者であれば，限界効用逓減の法則を記憶しているでしょうが，まさに限界幸福度逓減の法則と称してもよいほどです。人は所得が増加しても限りなく幸福度の上昇を感じるわけではないことを意味しています。逆に言えば，所得の低い人ほど自己の幸福度の評価に際して，所得の果たす役割が大きく，所得が高くなればその役割が小さくなる，ということと同義です。

最後に述べたことは，世界各国を経済発展の段階で区分して国民の幸福度を測定すると，一人当たりGDPの低い発展途上国では幸福を評価するときに所得のウェイトは高くなる一方で，先進国では所得は高くとも幸福度のそう高くない国が存在するということで，所得のウェイトは低くなる。これが有名なイースタリング仮説ですが，これの意味するところが，実は一国内の所得の低い人と高い人が幸福をどう評価するかの差となって出現しているのであって，似たようなことが発生していると理解してよいと思われます。

②ヨーロッパ

眼をヨーロッパに転じてみましょう。アメリカとヨーロッパは自由主義と民主主義を基本としているし，キリスト教という同じ文化的背景を持っています。しかしアメリカ国民はヨーロッパという伝統的な社会を嫌って新天地に移住した人びとの子孫が多いので、進取の気性に富んでいる人が多いという印象です。どことなく閉鎖的な風習の残るヨーロッパと自立精神の強いアメリカでは、幸福に対する見方が異なっているのではないかと想像できます。経済に眼を向けると、資本主義が高度に発展して多くのアメリカ人が資本主義を肯定しているのに対して、産業革命を最初に起こして初期の資本主義の発展を見たヨーロッパにあって、資本家と労働者の対立が前面に出てきて階級対立が深刻となり、それは多少弱まったとはいえ現代にまで続いています。これらのことがヨーロッパとアメリカとの間で幸福感に差を生じさせている可能性があると予想できます。

これを実証的に検証したのがAlesina, Glaeser and Sacerdote（2001）の研究です。彼達はアメリカ人とヨーロッパ人へのアンケート調査を用いて、両地域の人びとが幸福をどう評価しているかを比較したのです。

この研究を大まかにまとめると次のようになります。第一に、アメリカ人もヨーロッパ人も双方ともに、所得格差の大きいという事実があれば幸福の程度は低くなる、ということを認めています。すなわち、なるべくなら所得格差の小さい方が人びとの幸福度は高まると判断している。とはいえ、微妙な差はあります。つまり、ヨーロッパ人の方がアメリカ人よりも不幸の程度はやや高いのです。これを換言すれば、アメリカ人はたとえ国民の間で所得格差が大きくとも、ヨーロッパ人よりもそれを合理的と容認する気持ちがあるということです。逆にヨーロッパ人は大きな所得格差を容認せず、何らかの政策の実行を求めるのです。

第二に、ここで述べたアメリカとヨーロッパの差は、それぞれの地域に住む人びとの所得の差、すなわちアンケートに回答する人が高所得者か低所得者かということと、それぞれの人びとの思想なり主義の違いによって現れているのです。具体的には、アメリカでの高所得者は所得格差の大きいことを少しだけ気にする（すなわち問題視する）ものの、低所得者はそれを気にしない（すなわち問題視しない）、という特色があります。一方で、ヨーロッパでの高所得者はアメリカとは逆で所得格差の大きいことを気にしない（すなわち問題視しない）のですが、低所得者はそれを気にする（すなわち問題視する）という異なる見方をしています。

なぜアメリカとヨーロッパの高所得者と低所得者の間でこうも態度が異なるかといえば、著者たちは、アメリカでは開放社会であることから所得階層の移動があるので低所得者も頑張ればいつかは高所得者になれると信じているのに対して、ヨーロッパでは階層が固定されていて移動がないので、いつまでたっても低所得者であり続けなければならないとして、不満の程度が高いと説明しています。この説明は恐らく正しいと思われます。

不可解なのはアメリカ人の高所得者の意向です。基本的にはヨーロッパの高所得者と同様に高所得に満足しているものの、その程度がヨーロッパの高所得者より幾分低いことがやや不思議です。アメリカでは自由競争主義が行き渡っているので、経済的な成功者は自分の努力の賜物として得られた高所得を進んで容認するものと予想されて、それが確認されてはいます。とはいえ少しだけの留保があってむしろ少し気にする（すなわち問題視する）のはなぜなのでしょうか。アメリカ人の高所得者は彼達への高所得税率に抵抗する程度が強いだけに、自分達の権益を守ろうとしていることから、なおさら不可解な意思表明と感じます。ここで推察するにピューリタン精神の流れを受け継ぐアメリカ人(高所得者も含めて)は高い不平等は人間社会にとって好ましくないと思っていて、アンケート調査には少なくとも表面上だけは自分たちの高所得を卑下していると解釈できるのかもしれません。しかし現実の世界では高い所得による裕福な経済生活に満足しているし、高い所得税率が課せられようとすれば反対行動に出るのがアメリカの高所得者なのです。

ヨーロッパの高所得者に関しては、階級社会が色濃く残っている社会らしく、階級の上部にいる資本家や特権階級は、自分達が享受する高資産・高所得を親や祖先という前の世代から引き継ぐことのできた、いわば当然の権利であると理解する結果といえます。自分達が恵まれた階層にいることに対して嫌悪感はほとんどないといってよいのです。

一方でヨーロッパの低所得者は、この階級社会を好ましく思ってないし、左翼思想を抱く人が多くなって、所得格差の是正を求めることとなります。ヨーロッパでは右翼(正確には保守主義)と左翼(正確には社会民主主義)の政治対立はよく見られることであり、左翼が政権をとると税や社会保障によって福祉国家の色彩を強めて、低所得階級に有利な政策が導入されてきたことが歴史的な事実として認識できます。一方でこれが行き過ぎたと判断されると、経済活性化を旗印にして右翼が政権をとり、福祉が後退します。

イギリスの戦後の歴史は、保守党と労働党の政権交代が何度もあったので、ここで述べたことの証拠となります。大国ドイツとフランスも似たような歴史を有しています。これらの国と異なるのは本書で詳しく検討したデンマークであり、ほとんどの時期において社会民主主義が政権を担当していたので、福祉国家であり続けたのです。スウェーデン、フィンランドといった他の北欧諸国もこれと似た特色を有しています。

なぜ所得の高低で幸福度が異なるのか

高所得者と低所得者の間でと、政治思想の違いによっても人びとの幸福に対する見方が異なるし、アメリカ人とヨーロッパ人の間でもそれの異なることがわかったわけですが、どこの国でも「人は高所得になればなるほど幸福度は高まる」という命題は成立しています。なぜこのことが普遍的に主張できるのでしょうか。様々な論拠を提出しておきます。

第一に、これまでに述べてきたことの繰り返しになりますが、高い所得があれば高い消費を享受できるので、豊かな経済生活を送ることができます。家屋、家具、自動車などの耐久消費財、衣服、食事、レジャーなどの消費生活が豊かになることは人間の欲望でもあるので、それが可能になれば人は幸福を感じるのです。これに加えて高い所得があれば高い貯蓄をも可能にするので、将来に発生する各種のリスク（引退、病気、介護、失業、家族を失う）に備えることができるのであり、安心感を持てることによる幸福感も大きいでしょう。

第二に、豊かな消費生活は自分の満足を高めることが確実ですが、他人との比較において自分の華美な消費は他人への「見せびらかし」にもなるので、高所得者による高消費は幸福度をもっと高めることとなります。これはヴェブレン(一九九八)によって「顕示的消費(conspicuous consumption)」と名付けられたもので、見せびらかしの消費が人間社会に存在することを主張したことで有名です。これに関してヴェブレンよりも後の世代の経済学者であるデューゼンベリー(Duesenberry, 1949)が、家計消費は他人との比較において他人に負けたくないとか、あるいは過去の自分の消費よりも水準を落としたくないといった希望がある、と主張しました。これらは消費関数論の中で「相対所得仮説」と認識されている理論です。

第三に、第二で述べたことと関連しているのですが、高所得の人は低所得の人よりも上にいるという優越感があるので、その感覚が幸福度をより高める可能性があるのではないでしょうか。一方で低所得の人は自分のおかれた境遇を惨めに思って、不幸を感じる程度がより高まります。これらのことが所得差による幸福度の差をより大きくする可能性があります。

第四に、高所得者の多くは高学歴で管理職や専門職といったような上位の職業に就いていることが多く、自分の高い学歴やプレスティージが高くやりがいのある仕事への誇りがあるので、高所得によって感じる幸福に加えた満足がかなりあるといえます。このことは所得から感じる幸福度よりも高い幸福度を高所得者に与える可能性があります。言い換えれば、高所得者の感じる高い幸福度には、高い所得を生む要因となった教育や仕事の満足度も貢献していることを忘れてはなりません。このことは、低所得者の低い学歴、満足度の高くない職業、過酷な労働から感じる高くない幸福感も存在しうることを示しているということになります。そうすると所得そのものの効果と、教育や職業の効果を峻別して幸福度への貢献を計測する必要が出てきますが、これに関しては日本人の幸福度を測定した第2章で少し述べましたし、橘木・高松による近著で詳しく検討します。

2　再分配政策の効果

再分配政策とは

世の中に高所得者と低所得・貧困者が存在しているのは事実であり、高所得者から低所得・貧困者に所得を移転する政策を再分配政策と呼んでいます。前者への高い税率と、後者への低いかゼロ税率によって、所得格差を是正したり、社会保障制度における保険料と給付額に差をつけることによっても再分配効果の働くことがわかっています。税や社会保障以外にも、例えば教育の分野でも再分配効果が作用するのです。

もとよりどの程度の再分配政策を実施するかは国によって大きく異なります。国民がそれをどの程度望むのか、その望みに応じた政府の政策次第で、再分配効果の強弱が決定します。先進国に限定すると、日本とアメリカでその程度が弱く、ヨーロッパ諸国はその程度が強い。さらにヨーロッパの中でも、再分配効果のもっとも強いのは福祉国家であるデンマーク・スウェーデンといった北欧であり、次いでドイツ・フランスといった中欧、イタリア・スペインといった南欧ではその効果は弱くなります。再分配効果の強い国ほど所得分配の平等性が高く、逆に弱い国ほど所得分配の不平等性が高く、かつ貧困者の数が多くなるのは当然の帰結です。

このように記述してくると、ヨーロッパでは所得分配は平等性の高いことが望ましいと考える人が多く、日本やアメリカでは、所得格差は大きくてかまわないと判断する人が多いと解釈できるかもしれません。所得格差が小さいと、高所得を稼ぎそうな有能で頑張る人の労働意欲が阻害されるので経済活性化にマイナス要因になると思うし、低所得・貧困の多くはその人びとの怠惰に原因があるとみなして、手厚い社会保障給付は不必要との声が日米では強く、強い再分配政策を容認しないのだ、と解釈可能です。

本書は「幸せ」の経済学ですから、国が再分配政策を実行することによって人びとの幸福度はどう変化するのか、誰が「幸せ」を感じるのかを分析します。さらにここで述べたように国によって再分配政策の程度に強弱があるので、どういう国の人が再分配政策によって幸福度を増すのか、あるいは減らすのか、といったことを扱うことにします。

アメリカとヨーロッパを比較したとき、ヨーロッパ（特に北欧諸国）の方が高い所得分配の不平等に不幸を感じており、それもあって強い所得分配政策を行っていることがわかりました。そしてヨーロッパ（特に北欧諸国）は福祉国家として国民から高い税と社会保険料を徴収して国民に高い社会保障給付をしているわけですが、ではヨーロッパでは誰がその利益を受けていて誰が幸福度を増しているのでしょうか。この問いに対する答えはOno and Lee（2012）でなされています。

まず、誰が再分配効果によって幸福度を高めているかをまとめてみましょう。幸福度を高めている人がいれば、逆にそれを低めている人もいます。これは、政府の行う再分配政策の犠牲になっている人は誰であるかということと同義です。これらをまとめると**表4－4**のようになります。

表 4-4　誰が幸福度を変化させているか

	幸福度を高めている人	幸福度を低めている人
所得階層	低所得層	高所得層
性　別	女　性	男　性
婚姻状況	既婚者（同棲も含む）	単身者
子どもの有無	子ども有	子どもなし
年　齢	若年層，高年層	中年層
雇用状況	失業者	雇用者

ここでまとめられたことを補足的に説明しておきます。北欧諸国の福祉国家を連想すれば理解しやすいのですが、所得階層に関しては、高所得層は高い税金をとられ、かつ社会保険料拠出もやや多いので、犠牲を強いられているという感情から幸福度を下げているといえます。一方低所得階層は逆に低い税率と社会保険料率であることと、もっと重要なことは生活保護制度を含めた高い社会保障給付を受けているので、便益を多く享受しているという実感から幸福度を高めているのです。

性別に関しては、男女間の賃金や所得の格差は日本よりはるかに小さいけれども、それでも男女間に格差はあります。そうすると所得階層のところで述べたことと同じ論理で、低所得の女性が幸福度を高め、逆に高所得の男性がそれを低めることとなります。しかしこのような捉え方に大きな説得力はなく、むしろ家族支援の効果の方がはるかに大きいといえます。すなわち女性に関しては、次に述べる子どもの有無が大きく関係しながら、女性の幸福度を高めていることになります。

婚姻状況に関しては、既婚者の方が単身者と比較すると幸福度を高めている一方で、単身者は犠牲者という感情を持つので幸福度を下げています。なぜこのようなことが発生するかといえば、ヨーロッパでは福祉国家の基本方針として家族を様々な形で支援するという伝統があることによります。いわゆるワークライフバランスを尊重する立場から、子育て支援や子ども手当、そして教育費支出などが手厚いことから、子どものある既婚者は幸福度をかなり高めるのです。一方で単身者には政府からほとんど支援を受けていないという認識があるので、幸福度を低めています。

なお既婚者で子どものない人びとは便益を受けていないと感じる可能性があります。それは子どもがいれば既に述べた様々な支援策を受けられるのに、子どもがいなければ便益を享受していないと感じるからです。さらに夫と妻が双方働けば合計所得が高くなるので、所得税の累進制が課せられている限りにおいて、高い税金を支払わなければなりません。これは"marriage penalty"と称されて、共働き夫婦にとっては高い税金を強いられることになります。そのことが、法的に結婚をせずに二人で同棲するカップルを増加させた一因になったのです。

同棲に関してはもう一つ重要なことがあります。欧米諸国においては法的に結婚せず共同生活を送るケースが非常に多くなっています。これは"marriage penalty"を避けるといったことだけではなく、広く流布した社会での現象となっています。この風潮は日本のように結婚している夫婦というのが男女の組合せとして大多数であるのと大きな違いです。例えばフランスであれば、生まれてくる子どもの約半数が結婚していない男女から生まれているのであり、ごく自然な男女の結びつきの現象として一般に受け入れられているのです。

これは法的に結婚している夫婦と，結婚していない男女の共同生活の間で社会での見方にほとんど差がないことと，生まれてくる子どもへの処遇（例えば遺産相続や子育て支援など）に差を生まない制度になっていることによります。それと何よりも例えば日本ではまだ残っている社会からの冷たい眼といったことのないことが大きいのです。数十年前に欧米で発生したことが日本で起こることが多々あるという事実からすると，日本もやがて結婚していない男女の共同生活のケースが増加するだろうと予想できます。

幸福の話題に戻ると，法的な夫婦とそうでない男女の組合せの間に，税制に関する"marriage penalty"を除いて実質的な差がほとんどないので，同棲者も既婚者と同様の便益を再分配政策から享受していることがわかっています。すなわち同棲者も既婚者と同様に福祉国家の政策によって幸福度を高めているのです。

なおこれまで結婚，同棲を問わず，男女が二人で共同生活をしている人は政府による様々な福祉政策の利益を受けて幸福度の高まっていることを示してきましたが，福祉政策の有無とは関係なく，男女二人が生活しているという事実だけで幸せを感じている人が多い，ということを強調しておきたいと思います。男女は本能としてお互いに魅かれるものなので，気に入った（愛情を感じた）異性とともにいるという幸福感は大きいのです。

子どもがいるかいないかに関しては，これまで述べたように福祉国家の受益者として大きな差が発生しています。子どもがいると、出産手当、育児休暇制度、子ども手当ないし扶養控除、教育手当、など様々な制度による手厚いサービスの提供が受けられるので、これらの人びとの幸福度はかなり高まっているのです。逆に子どもを持たない人びとにはこれらのサービスがないので、幸福度を上げるといったことはなく、むしろ自分達は犠牲者であるとの認識があります。もっとも、日本では子どものいない夫婦の方が子どものいる夫婦よりも、やや高い幸福度だったのでヨーロッパと日本では少し異なっていることを記憶しておくべきでしょう。

次は年齢に関してです。福祉サービスの受益者は、年金、医療、介護などのサービスを受ける高齢者と、手厚い支援を受けている子どもを持つ若い男女ということになるので、高齢層と若年層が福祉国家による幸福感を享受している年齢層と見なせます。逆に中年層の場合には、病気になったとか失業者になったときは福祉サービスを受けることがあるとしても、受けるサービスの量は若年層や高齢層よりもかなり少ないので、福祉国家であるということから感じる幸福はさほどないのです。

最後は失業者か雇用者かの差に関してですが、失業するということは所得のなくなることを意味するので、失業保険制度が充実しておれば生活苦を感じなく、失業保険制度の存在によって失業者は生活上での不幸はさほど感じません。確実にこれらの下で幸福度を下げることはないといえます。一方で失業給付の財源は雇用されている人の保険料拠出で調達されています。これらの人はもし失業しないのであれば、自分達は財源を拠出しただけで受益がないので不幸を感じてもおかしくないわけですが、実質的にはそう不幸感を顕示していないのです。自分達もいつかは失業するかもしれないのであるから、そういうときに備えてのセーフティーネットとして失業保険制度の存在を容認しているので、この制度を批判する声は福祉国家においてはさほどないのです。

ひるがえって日本を見てみると、失業保険制度（日本では雇用保険と呼ばれる）や生活保護制度への批判が強いといえます。真剣に職を探すことなしに失業給付でぬくぬくと生活しているとか、働けるのに働かずにいるとか、あるいは自己や親族が資産や所得を保持しているのにそれを申告せずに生活保護を不正に受けている、といった声の大合唱があります。

なぜ日本でこういう声が大きくて、手厚い福祉サービスを提供しているヨーロッパでその声が小さいのか、関心の持たれるテーマです。一つの解答は、日本では失業や貧困は、その人びとの努力不足や怠惰から生じたことなので、自己責任によるところが大きいとみなし、自分で解決せよと考える人が多いからかもしれません。一方のヨーロッパの福祉国家にあっては、弱者の存在を自己責任に帰する程度が弱いし、人に不幸が生じたときには社会全体で助け合う、という精神が歴史的に醸成されていることも大きいのです。これらに関しては橘木（二〇一〇）に詳しいので参照していただければと思います。

ここで強い所得再分配政策、あるいは福祉国家であることが人びとの幸福感にどのような影響を与えているのかをまとめておきましょう。ヨーロッパ、特にデンマーク、スウェーデンなどの北欧諸国といった政府が強力な再分配政策を実施している福祉国家では、いわゆる弱い立場か不幸な状況にいる人びと、すなわち低所得者や貧困者、女性と若年層・高齢層、失業者などに対して様々な所得移転政策やセーフティーネットの提供を行っているので、これらの人びとがサービス受益者の立場から幸福度を高めていることは確実です。

もう一つ重要な点として、子どもを持つ親や家族には様々な手厚い福祉サービスを提供しており、そういう受益者の幸福度を高めていることがあります。子育てを親だけに押しつけず、社会で子どもを育てようという信念が行き渡っているので、これらの子育て支援が実行されているのです。もう一つは、男性のみならず女性も働くことが本人や社会にとって貴重なことであると信じられており、女性や子どもへの福祉サービスの提供を社会が容認していることも大きいといえます。

高い福祉サービスの提供、あるいは強い所得再分配政策の実施には、国民全員あるいは特に高所得者の負担が大きいのは避けられませんが、これらの人の抵抗感は高くない、すなわち高い負担によって不幸を感じる程度が弱いのが特色となっています。

第5章
経済学は「幸せ」をどう捉えてきたか

本書は経済学の立場から「幸せ」を議論することが目的ですから、経済学が登場してから今日まで経済学が幸福をどう理解してきたかを本章で語ります。古い時代の重商主義・重農主義から始まって、スミス、リカード、ワルラスを中心にした古典派経済学を議論します。

「幸せ」に関しては、経済学が消費から得られる「効用（あるいは満足）」を分析の中心にしてきましたので、効用という概念の意義と限界を論じます。古典派経済学に替わる経済思想としてマルクス経済学（社会主義経済学）とケインズ経済学、そして古典派を発展させた新古典派経済学にも言及します。

1　古典派の時代

重商主義と重農主義

経済学の歴史を紐解くと、最初に広い意味での古典派経済学というのがあり、そこに三つの重要な学派があります。一番目が重商主義、二番目が重農主義、三番目がいわゆる狭い意味でよく言及される古典派経済学です。

最初の重商主義が登場した頃は、まだ経済学はほとんど発展していませんでした。むしろ経済学はなくて、経済現象として重商主義というのがヨーロッパを中心にして、経済の形態として非常に重要性が高かった。国王の力が強く、かつ軍事力が強いスペインやポルトガル、オランダを中心にして、アメリカやアフリカやアジアに植民地を作って、そこで産出される物資をヨーロッパに輸入するというような経済活動です。

そして、昔は軍事力によって略奪をしていたのですが、現地の住民もいつまでも黙っていないので、略奪が出来なくなります。そして、貿易が増えてきて、輸出入という形になると、輸入するための商品の代金を稼がなければなりません。ヨーロッパを中心にしていわゆる繊維産業を中心にした軽工業が発達して、その軽工業の製品を植民地に輸出するという作戦を採り始めます。保護貿易主義を採用してできるだけ輸入を抑制し、国内生産を強くしてできるだけ輸出を増やし、貿易差額を増やすことも重商主義の一つの形態です。

重商主義によって富を得るのは、国王、貴族、貿易業者、産業家といった一部の人だけで、彼らの経済生活で示される「幸せ」は増大するものの、一般庶民の「幸せ」は対象外であったと言っていいでしょう。つまり、重商主義における「幸せ」とは全国民を対象としていなかったのです。

二番目の重農主義は、重商主義とは違って、いわゆる貿易や商業、軽工業と異なり、農業が経済における主たる産業であるという信念の下で発展した主義です。フランスの経済学者ケネーが、産業を農業・工業・商業の三つに分類して、その間の取引がどうなっているかというのを、「ケネーの経済表」という形でまとめて、その中であくまでも根源的な生産の産業は農業であるということを主張したのです。

ここで非常に面白いのは、当時の農業は市場主義を標榜していたことです。それ以前の農業は、封建領主が土地を所有し、小作人を雇って、地代や作物を受領して儲けるという荘園制度が農業の制度だったのですが、重農主義は、独立自営農民に土地を与えて、自由な農業生産と販売を農民自体にやらせるのがいいという。要するに国家や封建領主がコントロールするのではなくて、自由に農業活動をやることがいいという主張です。少し意外と感じる人もいるでしょう。というのは、現代の農業は逆です。貿易の自由化に反対しているのは農業です。自由な経済活動よりも、政府の保護の下に農業を育成したいというのが、今の農業の考え方です。ちなみに、「レセフェール」という言葉はフランス語で自由な活動をさせよという意味で、農業の分野からレセフェールという発想が出てきたということは重要です。

「幸福論」から重農主義を評価すると、次の二点が挙げられます。第一に、独立自営農民を育てようとする経済思想ですから、農民の自主・自立に依存した生産であれば農業生産は増大し、従って農民の経済生活が豊かになることによって、生活への満足度は増大します。第二に、「レセフェール」の走りですから、自由な経済活動は格差を生むことになるので、幸せな農民と不幸な農民を生む可能性を秘めている、ということになります。

スミスの経済学

次いで狭い意味での古典派と言われる理論が出てきます。その代表であるアダム・スミスが、重商主義への批判を念頭に書いた『国富論』は、重農主義の影響を受けたことによって、経済活動を自由に放任して、政府が経済活動に口出しせず――「夜警国家」という言葉がありますが――、経済活動の参加者が自由に競争するのが一番いいのだということで非常に有名です。しかし、スミスは『国富論』に先駆けて、『道徳感情論』という本を出しており、そこでは経済活動に参加する人たちがどういう道徳観を持っているかが非常に大事であるということを述べています。長い目で見て取引がうまくいくためには、相手をだますとか、あくどいことをするのは駄目で、公正な取引が、市場経済が成立する前提であるということです。スミスの経済学への貢献は、第一に自由競争が一番いいということと、第二に市場経済をうまく機能させるためには、市場の参加者が正しい道徳を持たねばならないといったことの二点です。

さらに、スミスは分業のメリットを主張しています。一人の人が何もかもやるのではなく、それぞれが仕事を特化して、後でそれを集めたり交換したりするメカニズムで経済を運営する方が、生産性を高めることにつながるので好ましいとしました。

これは、自由な経済活動を礼賛し、分業が基本にあるといった資本主義思想のオリジナルな考え方です。従って、スミスは「経済学の父」と呼ばれる非常に重要な人物であります。

スミスと「幸せ」に関して述べますと、もう一つ面白いのは、自由な経済取引をやると、必ず勝者と敗者が出るけれども、必ずしも勝者が幸福とは限らないとスミスが書いていることです。経済的に大成功しても、その人が幸福とは限らないという発想がスミスの時代からあったということは新鮮です。スミスは経済活動における悪事を排除していますが、中にはそういうことをやる人がいるということを彼もわかっていたわけです。逆に敗者で、貧乏になっても、あるいはそんなに儲けはなくても、自分の心を平静に保てて、自分はいい仕事をした、幸福だなと思えばそれは非常にいいことだ、ということをスミスが言っていたということが大事です。

リカード

スミスの後に登場したのが、デヴィット・リカードです。彼は第一に労働価値説を主張したことで有名です。この説はスミスによって既に主張されていたのですが、リカードはそれを発展させて、古典派経済学の基本原理としました。すなわち、人間の労働が価値を生み、労働が商品の価値をも決めるという、本源的な生産要素として労働を理解したのです。この考え方は、古典派経済学の分配理論、すなわち労働には賃金を、土地には地代を、資本には利子を、という対価の存在を主張したものです。第二に、能力のある人、あるいは資本力のある人が賃金や利子を多くもらうという、限界生産力説を主張しました。そこから第三に、どういう人が高い賃金をもらい、どういう人が低い賃金に甘んじるかという労働分配論、最後に国際貿易はなぜ行われるのかを説明した比較生産費説を唱えた経済学者です。特に最後の比較生産費説は、現代にも通じる貿易理論の基礎で、自由貿易を主張する思想です。

リカードと「幸せ」に関して一言述べると、古典派経済学の宿命というか、有能な人や肥沃な土地・お金になる資本を多く持つ人が見返りを多く得ることとなります。そうすると、経済的に豊かな人と貧乏な人の差が出現することは避けられず、少なくとも経済生活からだけで「幸せ」を評価すると、前者は幸福な人、後者は不幸な人、ということになります。

マルサス

さらにその後に人口論で有名なマルサスが登場します。人間の数は等比級数的に増加するけれども、食料生産はそれほどには増やせないという当時の状況に注目して、人口抑制策を主張するとともに、貿易に関しても、自由貿易に任せておくと食料品が勝手に輸出入されてしまうので、食料貿易を制限して本国の農業を保護しなければいけないと主張しました。そこでマルサスの自由貿易排除論とリカードの自由貿易論という論争がイギリスの経済学界で行われました。

マルサスで「幸せ」を評価しますと、不幸な経済的貧困者が出現する一つの理由として、そういう人には子どもの数が多いということに注目し、産児制限を勧めたことにあります。マルサスは国民経済的な見地から、産児制限という人口抑制策を主張しましたが、特に貧困で苦しむ家庭ではとりわけ産児制限が大切であると、考えました。これは現代において家族に注目しますと、子どもの数が少ない家庭ほど「幸せ」度が高いという事実と合致していますので、古い時代と現代において幸福に関して同じことが主張されていて興味深いことです。

2 新古典派の登場

定常型経済学の源流

詳しくは、第6章で紹介しますが、古典派の一人としてジョン・スチュワート・ミルという有名な経済学者についても触れなくてはなりません。彼はここまでの経済学の流れを踏まえた上で、最初に「定常型経済」というものを主張するようになりました。

効用理論

スミスたちの古典派時代の後、一八七〇年代にオーストリアのカール・メンガー、フランスのレオン・ワルラス、イギリスのスタンレー・ジェヴォンズという三人の経済学者がほぼ同時期に「限界革命」ということを主張し始めました。

限界革命というのは、まず消費を考えます。予め与えられた所得のなかで、どの商品をどれだけ消費するのが一番自分にとって効用（＝満足）が高いかを考えるのが効用関数です。「効用」は「幸福度」と置き換えてもよく、この時代になって経済学が本格的に「幸せ」を考え始めたといっても過言ではありません。消費関数の効用最大化が消費理論の基本原則となり、満足最大化が経済学の目標となったのです。効用最大化にもいくつかの種類があります。

第一に、ある一時点を考えます。そのとき一〇万円の所得があり、どの財にどれだけ消費するかを決めるのがここでの話です。それはその財を消費することによって、自分が一番高い効用（満足ないし幸福）を得られる点を決めるといっていいと思います。一〇万円の所得制限の中でX_1財、X_2財……X_n財をどのように組み合わせれば効用Uを最大にできるかを考える時に、$\partial U/\partial X_i$ つまりX_iの財を一財増やした時に効用がどれだけ増えるか——数学では偏微分と言いますが、——を計算します。これを経済学では限界効用と言います。

この数学上の概念である偏微分と限界効用の概念が一致して、経済学が数学を使い始めるスタート時点となり、限界革命と呼ばれるようになったのです。

第二に、異時点での消費決定があります。人間は生まれてから死ぬまでの数十年間において、一昨年、去年、今年、来年、再来年というように自分が生涯で最大の満足、効用を得るためには、各年においてどれだけの消費をすればよいかを決めることになります。これが異時点での消費決定です。例えば一生涯に一億円の生涯所得があるとします。二〇歳の時、二一歳の時、五〇歳の時、六〇歳の時、七〇歳の時、一体どれだけ消費するか。U_iを第i期の効用と書いて、$\sum_{i=1}^{n} U_i$か$U(U_1, U_2, \ldots, U_n)$の最大化を図る問題です。ここでnとは死亡までの年数です。

このようなことを考えて消費をしている人はおそらくいないはずですが、経済学は少なくとも頭の中、あるいは理論上でこういう考え方をします。二〇歳で稼ぎだして、私は七〇歳まで生きるかなと考えて、これから七〇歳まで毎年大体これだけの所得を得るという予測をまずします。これを期待生涯所得と言います。次いで、二〇歳にこれだけ、二一歳の時にこれだけ……七〇歳の時にこれだけ消費しようということを、二〇歳の時点で決めるのが異時点の消費決定です。つまり、一生涯の消費から得られる一生涯効用の最大化を人生のスタートで決めるのです。

一番目はある一定の時期でどんな消費財の組合せをするのが幸せか、二番目は、自分の一生涯の消費をどういう流れでやるのが一番幸せかという話です。

ただここにはいろいろな問題があります。例えば人間いつ死ぬかはわかりません。しかし理論上、不確実性あるいは確率という概念を入れてくれれば、将来私は何歳で何%の確率で死ぬだろうということは予測出来ます。あくまでも空想の話ですが、経済学は不確実性に関してこういう考え方をします。

第三に、ここまでの消費の話は、どこから所得が来たか考えていませんでした。人間は働いてお金を稼ぎます。ここでは貯蓄することは考えずに、稼いだお金はすべて消費するとします。ここから経済学で、効用というのは、消費、すなわち所得が増えれば自分の満足が高まると考えます。しかしリンゴをたくさん食べれば効用＝満足度は上がるけれども、逆に働くことによって苦痛を感じます。すると、働く時間が増えると、苦痛が増えて効用は減ると考えます。

どれだけ働いてどれだけ消費するかという決定を人はしているのだ、というのが第三の消費と労働の決定という考え方です。縦軸に実質賃金、横軸に労働の量をとります。賃金が上がると労働供給は増えます。労働供給関数は右上がりです。逆に、企業がどれだけの人を雇うかというのを考えると、企業から見ると賃金は高いとあまり雇えないから、賃金が上がれば労働需要は減りますので、こういう労働需要関数は右下がりになります（**図5－1**）。

しかし、経済学はこれでは終わりません。労働と消費ないしは貯蓄の決定には、バックウォードベンディングカーブというのがあって、人間はある程度高い所得があると、労働供給を減らすという行動に出る人がいると考えられます。高い

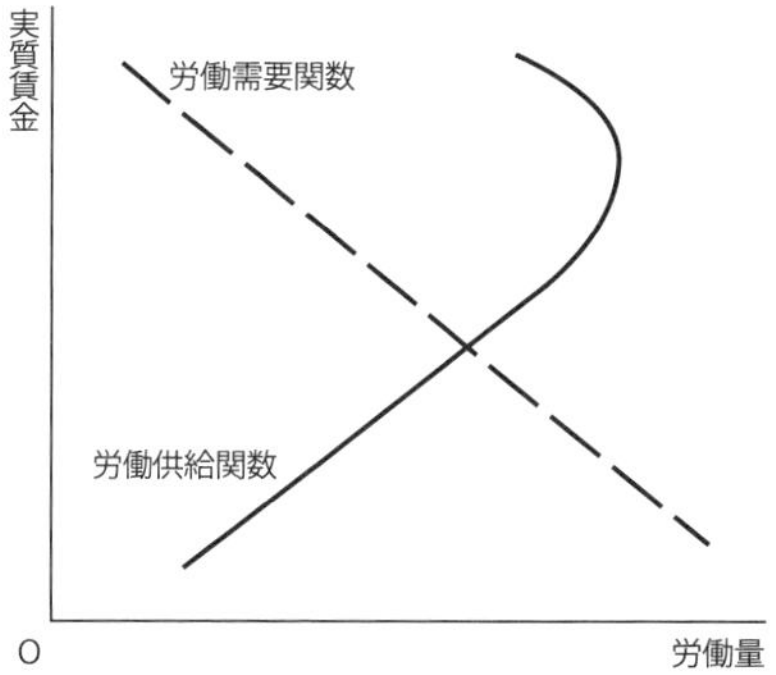

図5-1　労働需給関数

賃金に対して際限なく労働を供給したい人もいるでしょうが、そうでない人もいることを、少なくとも経済学では想定しています。

社会全体の効用

今までの話では、個人個人が自分の効用＝満足を得るために、何をどれだけ消費したらいいか、どれだけ働いたらいいか、どれだけ所得があったらいいかということを決めていましたが、次の段階では政府が、国民全体の幸福なり満足度を最大にするということを考えます。それを示したのが第四の社会的効用関数という考え方です。

社会的効用関数を説明しますと、まず日本人が一億三〇〇〇万人としましょう。社会的効用関数Uというのは、その社会に生活している人それぞれの効用、満足に依存すると考えます。そしてそれを最大化するということは、日本人全体が満足すればいいということです。そして社会全体の効用あるいは幸福を最大化することを考えるのが政府の役割という考え方が当然出てきます。ここで厚生経済学が登場してきます。日本国民全体の満足度、あるいは幸福を最大にする時に、二つの代表的な考え方があることを紹介します。

第一に、功利主義を主張したイギリスのベンサムという学者がいます。彼は「最大多数の最大幸福」という概念を出しました。つまり社会にいる人たちの中で「自分が一番幸せだ」と考える人の数を出来るだけ多くするということが、その社会にとっては一番望ましいのだと考えたのです。

ここで次のロールズの社会的厚生関数や格差原理と区別するために、ベンサム流の社会的効用関数Uでは、国民がn人いて、個人1から個人nまでの一人ひとりの満足度、効用を単純に加えます。$\sum_{i=1}^{n} U_i$、つまり$(U_1+U_2+U_3+\cdots U_n)$として単純に合計した社会的な効用関数を最大にするのがいいと考えます。

そして特に大事なことは、ベンサムは人によって区別を付けなかったことです。一番目の人と二番目、三番目……の人の効用、満足、幸福度を平等に評価しました。ある人は貧乏かもしれないし、ある人は中間の所得かもしれない、ある人は高所得かもしれないとしても、個人の効用や満足度を平等に評価するのです、これがいわゆるユーティリタリアン(功利主義派)と言われるベンサムの考え方です。換言すれば、人にウェイトを付けないということです。

他方、ロールズは二〇世紀最大の哲学者と言われている人で、ベンサムとは異なって、人それぞれを平等に評価しません。一番世の中で恵まれない人に最大のウェイトを付けるのです。つまり社会で一番恵まれない人のことを最重要に考えて、その人たちの効用なり満足度を上げることが大事だというのがロールズの格差原理です。

さらに、この考え方を発展させると、社会全体の人びとを一番恵まれない人から順番に並べてみて、一番恵まれない人に一番大きなウェイトを掛け、二番目に恵まれない人には二番目に大きなウェイトを掛け、そして一番恵まれた人には一番小さなウェイトを掛けるという考え方もあります。社会的効用関数の両極端な考え方として、第一のベンサム流の単純和、すなわち一人ひとりを平等に評価する考え方と、第二の、恵まれない人により高いウェイトを掛けて、その人たちがもっといい状況になるための政策を考えることが大事だというロールズ流の社会的厚生関数、あるいは格差原理があります。どちらが好ましいとか好ましくないか、あるいは良い、悪いとかは言えず、個人の主観的な判断で決まります。

効用理論への疑問

最後に、効用理論への疑問点を紹介します。第一に経済学で「幸せ」を考える際には、効用→満足→幸福という順番で考えてきましたが、この効用を実際に計測出来るのかどうかが、当然問題になってきます。リンゴを二個食べる時と三個食べる時では、直感的には三個の方が効用は高い。心の満足をどう測るのかが論点なのです。これにも基数的効用と序数的効用という二つの考え方があります。基数的効用では、一二三四五六というように単純に合計出来るという考え方を採ります。序数的効用は、二つの財の組合せを考えたとき――リンゴを三個、ミカンを二個という組合せと、リンゴが二個、ミカンが三個という組合せ――、どちらの効用すなわち満足度が高いかということだけは決められるという考え方です。経済学は後者の序数的効用すなわち、人間は直感的にどちらかの組合せが好ましいかということだけは決められるという考え方から出発します。ただ、効用というのは基本的に計測不可能ではないかという疑問がいまだに残っていると考える経済学者もいます。

第二に、消費を最大にすることが本当に人の効用を高めているのか、幸福度を高めているのかという疑問です。人間は消費財以外の他にもっと満足するものがいっぱいあるのではないかということです。例えば、所得、消費、労働だけではなく、恋愛による満足や、子どもの出生の喜び、試験で満点を取ったとき、美しい絵を見たとき、などの心理的な幸福について、経済学は答えられない。こういう幸福を考えるのも人間にとっては大切なのではないか、という問いです。

第三に、経済学において労働は苦痛と書きましたが、労働を好んでそれに満足を感じる人もいるのではないかという疑問は当然あります。働くのが楽しい、幸せという人は必ずいます。ただ、経済学は幸か不幸か労働は苦痛と考えて理論化しているのです。

一般均衡理論の登場

先ほど限界革命の箇所で触れたワルラスは大きな貢献をしました。世の中には多くの財があり、多数の労働者がいる中で経済を自由に運営させると、物価がある一点に収束して安定するという一般均衡理論を作りました。この一般均衡理論は、物の価格と数量について方程式体系を作り、それぞれの財の需要と供給を一致させるような連立方程式を解くという方法で、今で言う数理経済学の源になります。一般均衡理論の発展によって、経済学における数学の役割が大きくなりました。

この数理経済学という分野、日本の経済学者たち——大阪大学、後にロンドン大学の森嶋通夫や、シカゴ大学、後に東京大学の宇沢弘文といった人たち——が、この一般均衡理論を発展させた数理経済学の分野で世界的な業績を上げました。

パレート最適

この一般均衡理論の発展の中で、パレート最適という概念が登場します。パレートはイタリアの社会学者・経済学者です。パレート最適とは、競争に任せて自由な経済活動をする時に、経済がある一点に収束する、その収束状態が経済にとっても最適な状態、すなわち労働、資本、いろいろな物財が最適に有効に使われている——わかりやすく言えば経済がたいへんうまくいっている——ということです。アダム・スミスから始まったいわゆる自由主義の経済、あるいはオーストリア学派が言った自由放任主義の考え方、今で言えば市場原理主義ですが、経済を評価するにおいては一番いい状態にいるのだという、ここに新古典派経済学は一種の完成段階に入ったと言えます。

マーシャル

一九世紀から二〇世紀の経済学者に、イギリスのアルフレッド・マーシャルがいます。ワルラスは、多数の財、生産要素があり、それらが全て均衡する一点があるという一般均衡理論を唱えましたが、マーシャルは、世の中には財は二つしかないという前提で均衡を考えるという部分均衡理論を考えました。ワルラス流のN財、M生産要素の一般均衡理論と、マーシャルの二財のみで成り立つ部分均衡理論とでは、経済学の分析の手法が違います。一般均衡理論では財・要素が大量にある世界ですから、数学が全面に出てきて、今で言えばコンピュータによって解こうとします。それに対して部分均衡論は、二つの財を考えて、この場合グラフ化しやすいので、非常にわかりやすく解けるのです。

しかしここでマーシャルを取り上げるのは、マーシャルが言った“Cool Head, but Warm Heart”（冷徹な頭と温かい心）を紹介したいからです。つまり経済学の世界では論理に基づいて合理的に分析して、その結果を大事にしましょう。しかし、現実に経済政策を考える時は、温かい心で提案しましょうという思想です。私はこの言葉を好んで使っています。

ピグー

このマーシャルの弟子の一人に、Ａ・Ｃ・ピグーがいます。ピグーは、経済がうまくいっているかどうかは、いわゆるウェルフェア（厚生）という概念で評価すべきだと考えました。限界革命以後、効用を最大化するのが一番いいというのが経済学の主流の考え方でしたが、それをウェルフェアという概念で理解するというのです。日本では厚生経済学と呼ばれています。ピグーがこの厚生経済学の体系化に貢献したのです。これは、財の消費によって自分の満足を最大化するという考え方を国全体に拡張して考えたとも言えます。一人ひとりの満足を足し合わせて、その国全体の総ウェルフェアを最大にするのが、その国の経済政策の基本とします。既に述べた社会的効用関数を社会的厚生関数へと拡大したものです。

社会的厚生関数、すなわち国の経済的厚生を最大化することは経済効率を高めることにつながります。しかし社会を構成する一人ひとりの所得分配の状態については何も言えないので、何らかの基準を設定して所得分配を評価する必要があります。やさしく述べれば、社会のパイを最大化することと、所得分配の平等化を達成するための政策を考えるのが厚生経済学です。

経済効率性の最大化と所得分配の平等性は両立しないことがわかっていますので、補償原理によって所得の高い人から低い人に所得の再分配をすることもありうるとする新厚生経済学という考え方もあります。

3　社会主義経済学

空想的社会主義

少し時間を戻しますが、アダム・スミス、オーストリア学派などの古典派経済学が頂点に達した後に、社会主義経済学が出てきました。当時は産業革命が進み、生産力は高まり、イギリスの国富は非常に大きくなっていましたが、非常に劣悪な労働条件の下で働き、低賃金で苦しんでいる労働者をどう考えればいいかというのが社会主義経済学の論点です。労働者が生産によってどのような価値を生み出すか、労働こそが価値創造の原点であるとするリカードの労働価値説を発展させて、社会主義の経済思想が出てきました。まずイギリスのロバート・オーエンや、フランスのサン・シモンやフーリエ、プルードンといった人たちが唱えたいわゆる空想的社会主義です。人間はみな平等で、正義も大事にしなければいけない、労働者が資本に搾取されるようなことがあってはならないという主張です。

空想的社会主義を「幸せ」という視点から評価すると、次の二点が主張できます。第一に、資本家、土地保有者と比較して不利な立場にある農民、労働者の生活苦を和らげるための社会・経済制度を論じたので、人びとの「幸せ」はできるだけ平等性の高いこと、あるいは大きな格差のないことが好ましい、と考えたのです。第二に、空想的社会主義は協同組合主義を理想とすることが多かったので、農民、商工業者の利益を最大にするために、それらの人の絆や共同体意識を大切にしたい、と考えたのです。現代流に言えば、職業や地域を同じくする人びとの絆の強いことが、人びとの「幸せ」の向上に役立つと考えたのです。

ところが、このような哲学や思想の下で空想的に平等を言っているのでは駄目だと言って出てきたのが、J・S・ミルと、カール・マルクス、フリードリッヒ・エンゲルス、さらにレーニンです。ミルは基本的には新古典派の考え方を踏襲して、自由主義経済の根本である私有財産制やレセフェールを肯定するのですが、そこから出てくる弊害――例えば生活に苦しんでいる労働者、あるいは大土地所有者に虐げられている農民といった弱い立場にいる人たちのこと――も同時に考えなければならない、と主張しました。そしてそれを生み出している最大の理由は、土地や資本を市民に全部私有させるからなのであって、ある程度国家が国有化してコントロールする制度がいいということを主張しました。ここに社会主義の萌芽があります。J・S・ミルが科学的社会主義者の先駆け、とされる理由がここにあります。

科学的社会主義

空想的社会主義では、具体的な経済分析をほとんど行わずにいたのですが、マルクスとエンゲルスは、労働者が資本家に搾取されているということを経済学の理論を用いて科学的に証明しようとしました。

経済学として見た時にマルクスが主たる著者、そしてエンゲルスが編じた『資本論』における理論ですが、その後「政治」が登場してきます。マルクスとエンゲルスが中心になった、「万国の労働者よ、団結せよ」という言葉で有名な「共産党宣言」では、私的財産保有の制限や、土地や資本の国有化が語られますが、さらにレーニンが、暴力革命によって資本主義を打破して社会主義に移行するべきと考えました。これがマルクス、エンゲルス、レーニンに代表される社会主義、ないしは共産主義の政治・経済思想で、これが国家思想になって、ソビエト連邦、東欧、中国、キューバ、ベトナム――他にもいくつかの国がありましたが――で信奉されました。しかし一九八〇年代末から九〇年代にかけて、東欧革命が起きて、ソビエト連邦が崩壊し、共産主義から脱却したという事実もあります。ただ少なくとも一九世紀の後半から二〇世紀には、非常に重要な哲学、経済学、政治思想でした。

マルクス主義を「幸せ」の視点で評価すると、次の二点が主張できます。第一に、空想的社会主義と同様に、人びとの間に経済生活の格差がない社会を考えたことです。第二に、マルクスは労働、特に単純作業による苦しい労働は人間性を失うほどの疎外感を与えることの「不幸せ」を強調したのです。現代流に言えば、労働だけではない生活から人びとは「幸せ」を獲得することが可能、と述べたかったのです。

4　現代の経済学

ケインズ経済学

先ほど触れたマーシャルの弟子に有名なジョン・メイナード・ケインズがいます。ケインズは非常に多才な人で、経済学以外にも、株で儲けたり、保険会社を経営したり、ロシアのバレリーナと結婚したり、国際金融の交渉場で活躍したりして、八方美人的な超天才と言ってもいいぐらいの人でした。彼の考え方は、新古典派経済学が、自由放任で市場の任せるままに経済を運営すれば一番いいということを主張していたのに対して、不景気になったら政府が出てきて財政金融政策をやらなければいけないという、政府の役割を非常に重視したものです。ケインズが特に批判の対象としたのは、既に紹介したA・C・ピグーの古典派による失業理論でした。

ケインズが一九三六年に刊行した『雇用、利子および貨幣の一般理論』によって、第二次世界大戦後の経済学は、ケインズ経済学が一大中心になりました。しかし、ケインズ経済学は一九七〇年代のオイルショックによる不況と失業(当時の言葉では「スタグフレーション」)に対して、適切な政策を提案出来ませんでした。

混沌とする経済学

そこでケインズ経済学に代わって新古典派経済学が復権してきました。しかし、市場主義がとことん進むことで、格差問題などが起きてくると、新古典派経済学、あるいは市場原理主義だけでは駄目だという反省が出てきて、ケインズ経済学がわずかに復権し、マルクス経済学も見直されてきました。今日の現代経済学というのは、混沌とした状況にあると思います。我々凡人の経済学者には解けない、非常に複雑な問題の交錯する時代になっていると考えれば、ある意味において、ケインズやマルクス並みの天才待ちの時代かもしれません。

もう一つの新しい論点は、これまでの経済学は人びとの経済生活をどう豊かにすればよいのか、ということに最大の関心を払えばよかったのですが、今ではいくつかの論点を同時に解決せねばならない時代となり、これにどう対処するのか、ということです。例えば、環境問題の登場、格差問題への対処、などがあります。さらに、人びとの「幸せ」を考えたときに、経済生活の豊かさだけで人びとは「幸せ」を感じなくなっているので、伝統的な経済学だけでは解決できなくなっています。新たな学問の発展が期待されます。

第6章
定常経済時代の考え方

ここまでのところで、諸外国、日本で「幸せ」はどのように考えられてきたのか、また「経世済民」の学である経済学が、「幸せ」をどう捉えてきたかを見てきました。

では、一九九〇年代以降、「失われた二〇年」を経て、また少子・高齢化と人口減少社会に突入した日本において、さらに環境問題が深刻となっている中で今どのような経済学が求められているのか。それを考えるのが、この章の課題です。そして最後に人の働き方、遊び方を考えます。

1　定常型経済のあり方

J・S・ミルの経済学

第5章で、定常社会の経済学の魁としてジョン・スチュアート・ミルを紹介しました。少し繰り返しになりますが、古典派経済学においても、生産要素である土地や鉄鉱石・石炭などの資源は有限で、将来的には資源の制約が深刻になるだろうと予想していました。そうすると、いつまでも無尽蔵に資源を使える経済が続くとは限らないので、利潤率が低下して儲けが少なくなって、資本蓄積が止まる時代が来るだろう、ゼロ成長の時代が来ることを予想していました。これが定常状態です。ミルは著書『経済学原理』の中で、ゼロ成長でかまわない、経済的に豊かになるのはこの程度でいいではないか、もっと人間は働くだけでなく楽しい生活を送ればいいのではないかと書いていています。人口と資本が一定の中で、環境の重大な悪化を生じさせない、教育、芸術、宗教や基礎科学研究、運動競技、社会的交流などの活動で人びとは幸せになるとミルは考えていました。今に引きつけて言えば、教育と余暇の充実を主張しているというのが私の解釈です。

マーシャルの生産性の向上

しかし、成長率がゼロになるのは困るという主張も当然あって、教育水準を高めて労働生産性を高める、技術進歩で生産性を向上させて、資源制約を突破するという考え方が出てきます。これが第5章でもふれたアルフレッド・マーシャルです。

マーシャルは、国民全員に読み書き・計算の能力を与えれば、きっと有能な労働者になるからと、教育の義務化を提起しました。当時のイギリスがまだ義務教育の時代ではなかったことを考えれば画期的です。また技術進歩のために高等教育、あるいは職業訓練を拡充すべきとも述べています。学校教育や職業教育を充実することによって、国民の労働生産性が高くなり、経済成長率が低くなることをある程度阻止出来るという考え方は、今でも先進国や成熟経済において重要と考えられています。実は日本経済をもし活性化したいのであれば、技術進歩率と労働生産性を高める必要があり、そのためには、教育と技術の水準を高める方策が効果的と私は思っています。

ケインズ以後の成長理論

先ほど述べた不況の経済学であるケインズ経済学の後、特に第二次世界大戦後に世界経済が復興して、繁栄に向かった時期に呼応して経済成長論が経済学の中で重要な研究テーマとして浮かび上がりました。戦前には、既にポスト・ケインジアンとしてハロッド・ドーマー型経済成長論がありました。戦後になってその成長論が本格的に研究されるようになり、ロバート・ソローに代表される新古典派成長理論が登場してきました。ソローのモデルは一部門経済でしたが、それが二部門経済(すなわち消費財部門と資本財部門)となり、最後は多部門経済にまで拡張されて、経済成長論は完成の域に達しました。戦後を代表する経済学の主流の考え方には、いずれも経済成長が重要であるという特色がありますので、本章での定常型経済学と対立するのです。

定常型経済学はゼロ成長率でも構わないと主張するのに対して、成長型経済学は正の成長率を前提とするので、両者が相容れない経済思想であることは確かです。しかし成長型経済学においても、人口や資本がいつまでも成長することはありえない、という定常型の考え方に共鳴する一派があって、ポール・ローマーなどによる一九八〇年代から九〇年代にかけての「内生的成長モデル」のような、人口や資本に期待するのではなくて、技術進歩に期待する学説のあることを付記しておきます。既に述べたマーシャルによる技術進歩には教育が必要であるとする経済思想を、現代風に取り入れたものと理解できます。

現代の日本経済に即して考えれば、J・S・ミルの主張した定常型経済、あるいはゼロ成長の世界に入りつつあります。具体的には、マイナスの人口成長率と貯蓄率の低下現象を前提とすれば、経済成長率は高度成長期のような正にはなりえません。日本人は人口と資本の制約を自らが選択しているのであり、自らが定常状態を選択しているのです。正の成長率にしたいのなら、出生率を増加させるとか、資本の増強に努めるしかありません。あるいはマーシャルやローマーの言う、技術進歩率をかなり高める策しかありません。これはそう容易な政策で達成できることではありません。

環境による制約

定常型経済学をもっとも強く推進する学派は、世界における環境問題の制約の強さに呼応したものです。一九七二年の有名なローマクラブによる「成長の限界」は、活発な経済活動が環境を悪化させると警告し、資源の制約をも考慮すれば、高い成長率を望まない方がよいと主張しました。その後環境問題はますます深刻となり、環境経済学が発展することとなりました。環境問題の専門家は定常型経済という言葉よりも、持続可能な経済という言葉をよく用いますが、両者は内容としてそう差はないのです。

環境に悪い廃棄物を排出すると、水や空気が汚染されるし、気候温暖化をもたらすので、人間社会に悪い影響を与えることは間違いなく、どう対処したらよいか、様々な主張がなされました。最初は既に紹介したA・C・ピグーが有名な「ピグー税」を提案しました。企業が生産に際して汚染物などを排出して「外部不経済」の原因になるのなら、企業に課税をしたり、補助金を出したりして、排出を抑制する政策です。現在いくつかの国で炭素税が課せられていますが、これはピグー税を実践したものです。

環境経済学において定番となっているハーマン・デイリーの教科書『持続可能な発展の経済学』による三つの原理を紹介して、いかに持続可能な経済を保持できるかを述べておきます。

第一に、土壌、水、風、森林などの再生可能な資源に関しては、その利用速度は再生速度を超えてはならない。

第二に、石炭・石油などの化石燃料、良質鉱石などの再生不可能な資源の利用速度は、再生可能な資源を持続可能なペースで利用することで代用できる程度を上回ってはいけない。

第三に、汚染物質の持続可能な排出速度は、環境がそのような物質を循環したり吸収したりして、無害化できる速度を超えてはならない。

日本は二〇一一年三月一一日の東京電力福島第一原子力発電所の事故を経験しました。原子力発電が用いられることとなった理由の一つに、CO_2を排出しないという環境への好効果がありました。ところが大事故があって、多くの原発が停止中です。原発を再稼働させるか大きな問題となっていますが、不足する電力を石炭・石油の再生不可能な資源の利用で代替しており、環境問題への懸念があるにもかかわらず、むしろ石油を用いることによる電力代の値上げの悪効果を話題とすることの方が日本で多いことが気になります。

電力利用量を削減するという政策がさほど議論されないことも不思議です。節電策は経済活動の低下をもたらすことにつながりかねないので経済成長へのマイナス効果となりますし、人びとの生活の便利さをも多少犠牲にせねばなりません。これらのことを避けたいために、電力利用量を低下させるということが日本では議論されないのかもしれません。経済成長こそが第一の目標、という考え方がまだ日本で根強い、ということを福島原発事故後の社会の動きから感じることができます。

定常型社会

定常型社会、あるいはゼロ成長経済は主として一国の経済を念頭においた概念ですが、視野をもっと拡大して社会全体から定常型社会を考える一派もいます。それは定常型経済を促進する原因となった環境問題と、現今の先進国で議論される福祉の問題を融合させようとする試みです。少子・高齢化が進行する中、年金、医療、介護などの福祉、社会保障のことが人びとの間で切実な社会問題となっており、福祉国家はヨーロッパでは定着したものとなっています。しかし、日本ではまだ福祉国家への道を歩もうという決断をしていないことは、既に述べた通りです。

しかし、深刻化する環境問題と社会保障の問題を融合させようとする主張もあります。それを広井(二〇〇一、二〇〇九)では「定常型社会」と名付けています。例えばオランダやドイツではCO_2の削減を目標にした炭素税(あるいは環境税)の収入を、社会保障の充実に充てるという案が導入されており、融合の代表例とみなせます。具体的には、環境税による収入を企業の社会保険料負担の削減に振り替えるというものです。環境と福祉、という一見肌色の異なる分野を融合して考える政策は斬新に映るのですが、環境税の収入はそれほど多額ではないので、福祉の向上に寄与する程度はそれほど大きくはなく、効果は限定されています。

むしろ定常型社会という言葉の貢献は、現代においては、環境問題と福祉問題の克服は、人類に突き付けられた二つの重要な課題であり、ともに解決されねばならない課題である、ということを世に知らしめた点にあると判断しています。両者をあえて融合させる必要はなく、むしろ両者を別個に解決する案であってもよく、それが国民の厚生、すなわち「幸せ」を高めることにつながるのだ、と認識しておきます。

定常時代の経済学をどう考えるか

第1章で、「幸せ」をどう測るかについていくつか紹介しましたが、現在の定常時代で、暮らしの質を測る試みがフランスで行われました。サルコジ前フランス大統領が、J・フィトゥシ、ノーベル経済学賞を受賞したアマルティア・センと、J・E・スティグリッツを集めて、暮らしの質を測る「サルコジ委員会」を組織しました。その委員会の勧告は七つあって、

勧告1　物質的な幸福度を評価する際、生産よりも消費と所得を見るべきである（GDPよりもNet National Income ないし Net Family Income）。
勧告2　家計の視点を重視せよ。
勧告3　財産（wealth）とともに、所得、消費を検討せよ。
勧告4　所得、消費および資産の分配をもっと重視せよ。
勧告5　市場外活動にまで、所得の計測範囲を広げよ。
勧告6　幸福度は多くの次元からなる。
①物質的な生産水準（所得、消費および財産）／②健康／③教育／④仕事を含む個人的な諸活動／⑤政治への発言と統治／⑥社会的なつながりと諸関係／⑦環境（現在および将来の諸条

件）／⑧経済的および物理的な安全度、などです。

勧告7　暮らしの質に関する指標は、それが対象としているすべての次元において、不平等を包括的に評価すべきである。

勧告1から4を要約すれば、ものの生産だけではなく国民の所得、それも家計が重要であり、その家計の中でも消費が重要で、次いで分配、すなわち格差の問題が大事であるという、これは非常に新しい提言です。これまでの経済学が生産、ないし企業の活性化をもっとも重視してきたことへの反省と警告を秘めています。

それから5では、家庭の主婦の無償労働、あるいは環境問題など市場外活動における生活の質をどう評価したらいいかということを考慮して計測せよということです。6では、生活の質を測るにはどういう変数を使えばいいか、八つの変数を挙げています。7は4と関係しますが、所得分配やその他のことに格差があるなら、これは不平等である、人間の生活の質を測定する時には、不平等という問題を考慮しようというのが新しい主張です。

サルコジ報告を検討するにつけ、その多くが本書で議論したことと関係があることに気付き、勇気づけられます。すなわち、家計の重視、分配への配慮、環境問題への対処、所得だけではない生活の質への考慮、などです。「幸せ」を論じるときは、これらのことすべてを考慮せねばならない、ということになります。

2　幸せは働くことか、遊ぶことか

労働の価値観

最後に、もう一度人間何が幸せか、論じてみます。私見では重要な変数が、所得以外に二つあります。それは仕事で得られる幸福感と、自由な時間にしていることから得られる幸福感です。序章の話にもつながりますが、昔の哲人や文人は働くということをどう理解してきたのでしょうか。

まず古代ギリシャでは、働くのは奴隷だけで、市民は働かず自由な考え方を議論するのが役割でした。それが幸福だと考えたのがギリシャ哲学ですが、市民だけが特権的な自由市民で働かなくてよいというのは、私にとっては賛成出来ません。

第二に、中世になるとキリスト教が発展してきますので、市民も働いて自活をすることが大事だという発想に変わってきました。修道院では自分たちが農場で働いて、そこから小麦やワインを作って、それを食べる・飲むといったように、中世のキリスト教は自活という労働を賛美するようになりました。この教え・風習は庶民にも浸透して、働くことの意義を多くの人が感じるようになったのです。

それをもっと発展させたのがプロテスタンティズム、カルバンやルターの宗教改革です。彼らは勤勉と倹約というものを非常に重要だと考えました。マックス・ウェーバーの有名な『プロテスタンティズムの倫理と資本主義の精神』という本でも明らかにされたように、勤労と倹約の奨励というこのプロテスタンティズムの倫理観が、資本主義の発展に非常に大きな影響を与えました。

そして、絶対王制を倒す市民革命後、産業革命があってから資本主義が全盛期を迎えて、古典派と新古典派経済学、さらにマルクス経済学も、働くことが経済活動の基本だということを主張しました。「働かざるもの食うべからず」という言葉が、当時の経済学の基本にあったのです。

ただし、異論も出てきました。マルクスは、人間働いて食わなければいけないけれども、労働には苦痛もあるのだということを言いました。汚い工場の中で真っ黒になりながら働くことの苦痛から解放するのは社会主義と考えて、労働者が中心になって革命を行って、資本家を倒さないといけない、労働者主権の経済に持っていかなければいけないという考え方に発展していきます。

ウィリアム・モリスやジョン・ラスキンといったイギリスの社会主義者たちのように、産業革命期の苦痛だらけの労働ではなく、自分で木工の家具を作ったり、農作業によって自分で食料をつくり、すなわち自分で生産をするような職人芸の労働を賛美するような思想もあります。マルクスのような労働者を解放する考え方と、モリスたちのように、労働への満足を得られるような職人芸的な働き方と、社会主義にもいろいろな考え方があります。

一方この、労働は苦痛だという考え方に対して、非マルクス主義の立場から、ヘーゲルやパスカルは労働にも喜びがあると言い出しました。彼らの有名な言葉として、ヘーゲルは承認欲望――人は何か働くことによって、人から認知される。いい仕事をしたとほめられることに最高の生き甲斐を感じる――があります。これを、労働は喜び、というように解釈してもいいでしょう。パスカルは、虚栄心・気晴らしです。人は虚栄心があるから働く。お金とみなしてもいいかもしれませんが、いい仕事をして、出世したら虚栄心を満たすことが出来るという解釈も可能でしょう。気晴らしのためにレジャーを楽しんで、翌日一所懸命仕事が出来るようになるのなら、人間の精神を高めることが出来る気晴らしは大事だと理解してもいいでしょう。

労働は苦痛か、もしくは労働は人間の本質あるいは喜びだと考えるかは、私の見るところでは、その人がどういう仕事に就いているかによって区分され、またその人がどういう性格を持っているかによって変わってきます。

あるいは、ドイツ出身でアメリカの政治哲学者ハンナ・アーレントは、「働くことによって得られる意味はほとんどないので、人間は生きるため(すなわち消費のため)に働かざるをえない」と言っていますし、フランスの思想家アンドレ・ゴルツは「労働第一の人生から脱却して労働時間を短縮して、余暇を楽しめばよいのではないか」と述べています。これらは経済成長の呪縛から離れよということで、私に近い考え方ですが、日本ではまだ少数派の意見です。

ここまで西洋の思想を紹介しましたが、では東洋ではどうだったのでしょうか。中国には陶淵明の桃源郷の考え方――一所懸命働くな、田園で自由な生活を送ればいいのだという考え方がありまず。これは西洋におけるトマス・モアの『ユートピア』と似た考え方です。

しかし日本人の精神構造に一番大きな影響を与えたのは儒教ではないでしょうか。江戸時代に、薪を背負って歩きながら本を読むという像で有名な二宮尊徳は、勤勉と倹約の思想を強調しました。石門心学の石田梅岩は、江戸時代の「士農工商」の身分社会において、一番地位の低い商人道の大切さを説きました。日本でも江戸時代では働くことの意義を強調していましたし、明治時代以降もそれが続きました。では、日本人が多く信仰していると思われる仏教はどうかというと、これはむしろ働くということにはあまり触れず、他人に役立つボランティア活動を評価しています。

余暇に関する思想の変遷

序章の清貧の思想でも触れましたが、そこそこ食べていける程度に働けばいいではないか、自由な時間を多くして、余暇を楽しめというのが私の主張です。では余暇について西洋や日本ではどう評価されてきたのでしょうか。

まず、ギリシャ哲学では、市民は教養を高めて市民の責務を果たさなくてはならないので、余暇の時間は勉強するのに使うべきだと考えていました。遊ぶ、ということを戒めました。

次に、古代ローマでは、「パンとサーカス」と言われるようにコロシアムで人間が運動競技に励んだり、動物と闘技をしたりするのを見物して楽しむ、といったことで市民は余暇を楽しむようになりました。

先ほど触れた『ユートピア』のトマス・モアは一五～一六世紀のイギリスの人ですが、彼は一日の労働は午前・午後各三時間の計六時間でよく、余暇は昼休みの二時間も含めて八時間と言っています。古代ローマよりは古代ギリシャに近いでしょうか。

『有閑階級の理論』を書いたアメリカのソースタイン・ヴェブレンは一九世紀から二〇世紀の学者ですが、生産的労働に励まない社会上層の「有閑階級」として、軍人と僧侶と学者を挙げていました。前述のように「見せびらかしの消費」を批判した人です。オランダの文明史家のホイジンガは『中世の秋』『ホモ・ルーデンス』という本を書いた人ですが、『ホモ・ルーデンス』の中で、「人間はとにかく遊べ」「遊ぶということが非常に重要だから、働くのはそこそこにしておいて、お金と暇があれば遊べ」ということを盛んに言いました。

では日本における余暇について、私なりに九つにまとめてみましょう。

1 宗教との関わり　古代での神話における祭りから始まって、神社仏閣におけるお祭り、奉納相撲、江戸時代での浅草詣や大山詣、伊勢参拝など、田楽や能も宗教に関係した行事でした。

2 自然との交わり　春の花見、秋の紅葉と月見、冬の雪見など、自然を観賞する風習がありました。

3 生活美の精神　料理の世界では、味覚のみならず見た目を楽しむといったことから、食器や茶器にもこだわりました。

4「道」の強調　茶道、華道、香道、武道のように余暇を楽しむ以上に、人生道を極めるといった方向に進みました。

5 スポーツ(体育)　日本人のスポーツでは、剣道、柔道のように個人競技が中心。団体競技は明治維新後の輸入によって繁栄することとなりました。

6漫才、落語　日本特有の芸能として現代でも人気のある余暇です。短歌や俳句もこれに入れてよいでしょう。

7音楽　和楽は明治・大正期にはかなり人気がありましたが、洋楽の移入によりクラシック音楽とポピュラー音楽の二つが主流となりました。今では後者の方がより国民に浸透しています。

8絵画　日本画もかなり強く、西洋画と併存していると言っていいでしょう。多くの人が美術館に通っています。

9今後期待できる余暇　旅行・観光だと予想できます。経済的に豊かになると、どの国でも余暇としての旅行・観光は重要となります。

幸福に必要なのは何か——アンケート結果から見えること

日本人に、あなたは自分が幸福な生活を送る上で、何が必要と思うかすべて挙げてほしい、として、私がアンケートをした結果を最後に紹介します。まだ統計処理を行っていない「生」の結果で、解釈は読者の皆様にお任せします。第一位は、インターネット。以下、基礎体力・運動能力、親友と続きます(図6－1)。

次は、幸福に必要なものと答えた中で、自分が持っているもの、満足しているものは何かという質問ですが、これも第一はインターネット、次いでテレビ、携帯電話です(図6－2、図6－3)。二

○年前にこの調査をやったら、インターネットや携帯電話はなかったでしょう。時代によって何が幸せかは、全く違うことが言えます。お酒が五三・八％で高いのが面白いです。

最後に、余暇にやっていないものの比率を出しました（**表6－1**）。一番高いのはギャンブル（パチンコ、競馬、競輪など）で八四・二％の人がやっていない。この数字を逆から見れば、日本人は比較的堅い分野で余暇をエンジョイしていることがわかります。ギャンブルをする人がほんの一六％しかいないというのは、日本人は健全な国民なんだなと思います。スポーツ観戦を楽しんでいる人は二○％未満の少数派です。タイガース・ファンの私としては意外な結果です。

表 6-1　ほとんどしていない人の比率（％）

友人との会食や集まり	38.5
ドライブ	55.6
映画館，美術館，博物館，劇場に行く	64.3
スポーツ観戦する	80.9
ビデオや DVD を見る	34.4
新聞を読む	26.2
マンガを読む	61.4
ギャンブル（パチンコ，競馬，競輪など）	84.2
山や海など自然を楽しむ	65.3
ガーデニング	71.1

ところで、ガーデニングや、山や海などの自然を楽しむ人もそう多くなく、逆に新聞を読む、友人との会食や集まり、ビデオやＤＶＤを見るということ、で多くの人が余暇を楽しんでいます。

最後に結論を述べるなら、個人的な見解なので皆さんの賛成は得られないかもしれませんが、もうＧＤＰを追い求めるだけが、すなわち経済を豊かにするだけが、日本の目標ではないのではないか。そこそこの経済力を保てればいいのではないか。全員が食べていけるだけの所得が得られる経済規模をキープして、労働時間を短くして余暇の時間を多く取っていろいろなレジャー活動にコミットしてほしいと考えます。

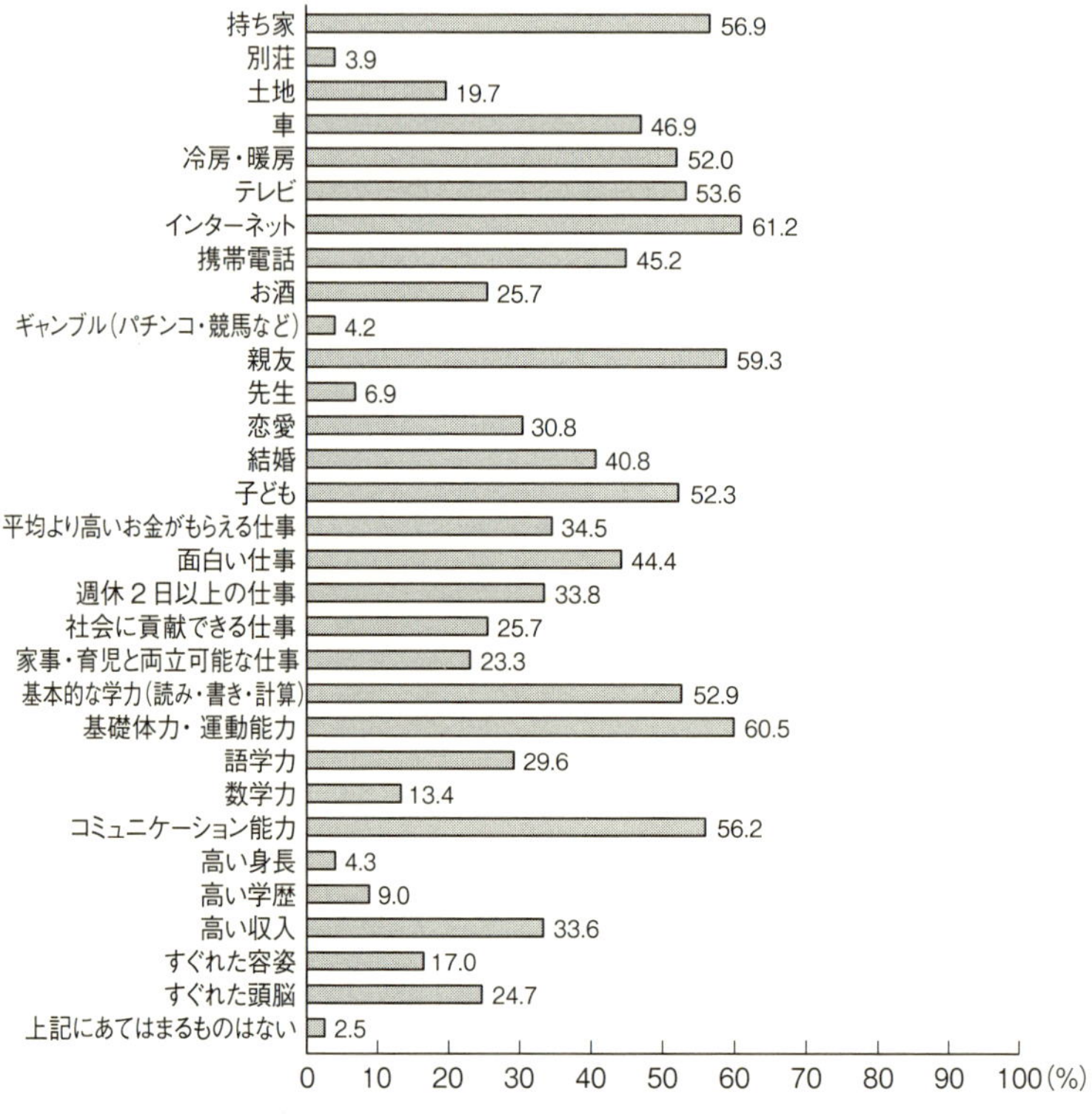

注)回答総数は，10,826.
出所)橘木を代表とするアンケート調査『地域の生活環境と幸福感』(2011 年度)より．

図 6-1　日本人は幸福な生活を送る上で，何が必要か(1)
質問内容：それぞれの項目の中で，幸福な生活を送るうえであなたが必要だと思うものを全て選択してください．

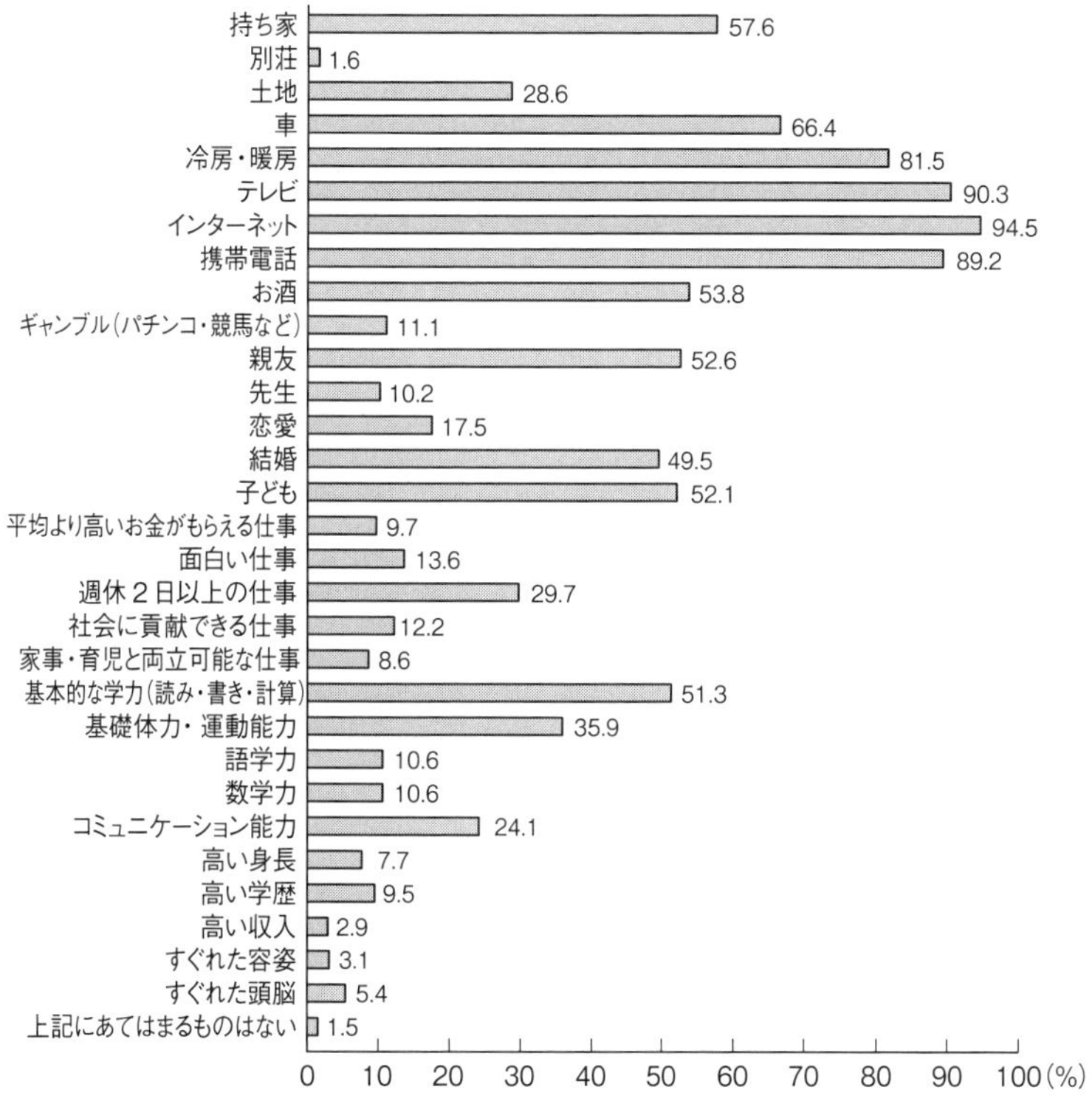

出所，注)図 6-1 に同じ．

図 6-2　日本人は幸福な生活を送る上で，何が必要か(2)

質問内容：あなたがすでに手にしているものを全て選択してください．

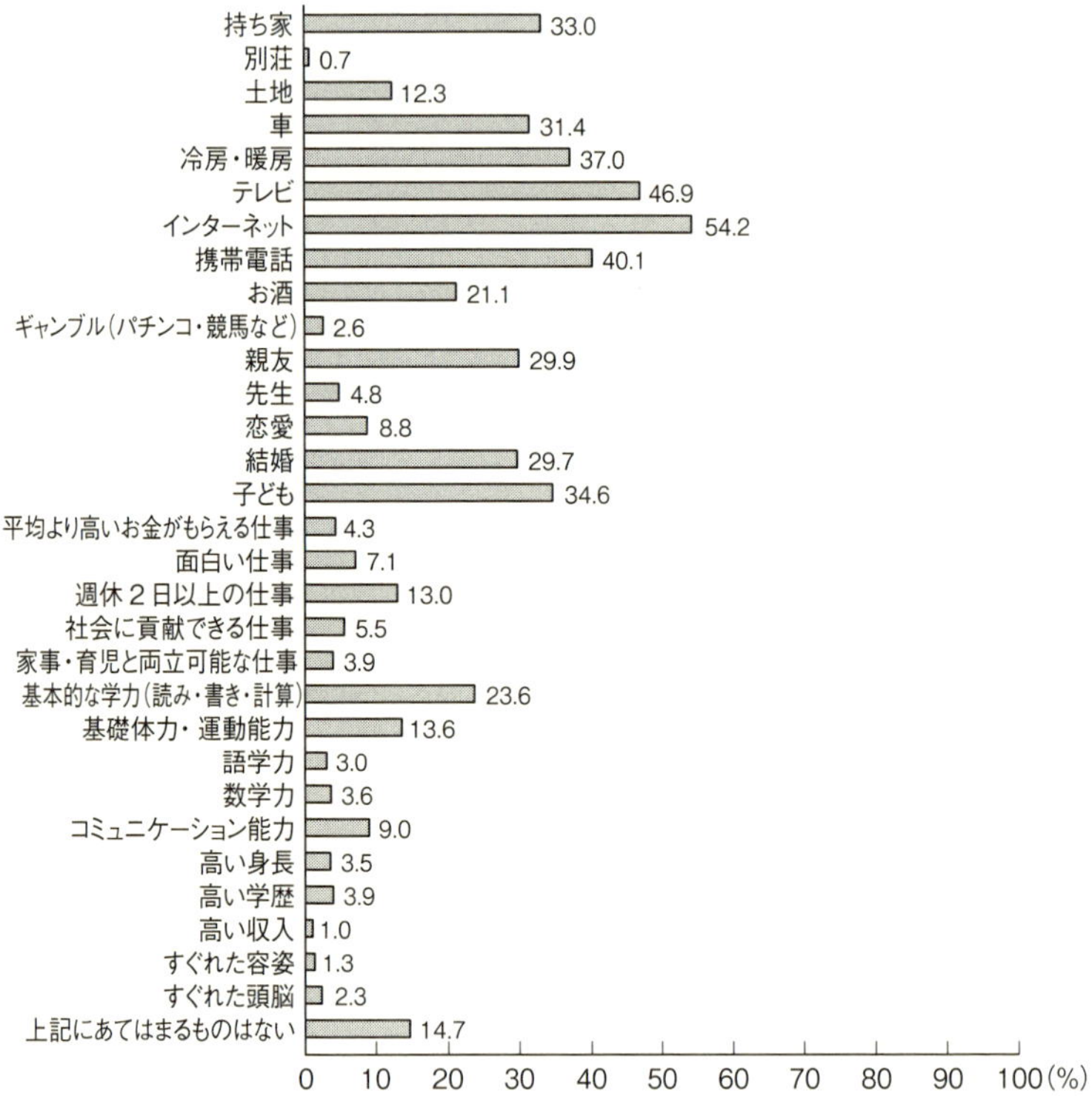

出所，注)図 6-1 に同じ.

図 6-3　日本人は幸福な生活を送る上で，何が必要か(3)
質問内容：あなたがすでに手にしているもので満足しているものを全て選択してください.

第7章

「幸せ」を高めることの意義と政策

第2章において、人の性格の違いが人の「幸せ」感の意思表示にどのような影響力があるのかを調べましたが、本章ではそれを発展させる意味で心理学の研究成果を本格的に導入します。例えば、野心と嫉妬がどういう役割を演じるのか、社会に存在する格差を心理学で評価するとどういうことが言えるか、といった点です。そして心理学に立脚すると「幸福」を高める政策はあるかを考えます。

最後に、人の「幸福」を高めるために政府の役割はあるのかどうかを検討します。特に日本政府を他の先進国の政府と比較して、その功罪を評価します。

1　心理的な要因の大切さ

幸福度を判断するのは人間の心理

日本人はどれだけの幸福を感じており、さらにどの分野にそれを感じているかを述べたときに、その人がどのような性格の持主であることが、評価の違いを生むのに影響力をもつのかについて示しました。例えば、その人が神経質な人であれば不幸を感じる傾向があるし、逆に開放的で外向性が強くかつ誠実な人ほど幸福を感じる傾向がありました。しかもこれら性格の影響力は性別や年齢によってもかなり異なるのです。

これを別の言葉を用いて述べれば、人間の心理的な要因が人びとの幸福度を決定すると考えられます。すなわち人びとが直面するある事象に対してどういう感情を持つかはその人の心理状態、あるいは性格に大きく依存しているのです。心理学の登場が幸福の分析に際して有用となるし、現に心理学が重要な貢献をしているのです。心理学が経済分析に際して重要な役割を演じていることは、二〇〇二年のノーベル経済学賞において、ダニエル・カーネマンが受賞したことでわかります。カーネマンは心理学畑で育った人であり、心理学を取り入れた経済分析が行動経済学と称され、経済学の一分野として成立しつつあります。

心理学の分野に「ポジティブ心理学」というものがあります。これは人間の主観的な経験なり判断(幸福、満足、希望など)への影響力を分析する分野です。一般に心理学は、人が犯罪を犯すといったような好ましくない行動をするときの人間心理を探求するのを常にしていますが、「ポジティブ心理学」は人が前向きの積極的な行動ができるような心理状況を探求する心理学です。フライ(二〇一二)によると、ポジティブ心理学には三つの主要な要素があるとされています。第一は、ポジティブな事象(例えば結婚するとか子どもが生まれるといったこと)やそれを経験する瞬間における効果が大切であること。

第二は、人びとの自己組織化、自立心、適応性などといった性格面を強調します。例えば自立心の強い人ほど動機付けが強いので頑張る傾向があって幸福度を高めることがあります。しかし一方で、自立の精神が強いと圧迫を感じて、逆に不幸を感じることになりかねない、という対立した見方があります。

第三に、人びとが経験する事象は、その人がおかれている状況、例えばキリスト教信者かといった宗教、どういう人と一緒に住んでいるのかといった家族、どういう職業に就いているかといった働く場所、などに左右されることが大きいといえます。すなわち自分のおかれた周りの環境から受ける影響力によって、自分の心理状態がある程度規制されると考えてよいのです。

野心と嫉妬の役割——相対的地位

消費と所得の経済学のところで「相対所得仮説」を述べましたが、これを心理学の立場から再評価すると、その人の野心と嫉妬心が大きく関係している、ということになります。人は他人との比較を常に行っている動物であり、例えば所得や消費を他人と比較して自分の位置に対して何がしかの心理的な感情を持つでしょう。他人の所得・消費より優位にある人は優越感を持つし、もっと高くありたいとする野心を持つかもしれません。人間は通常自分より下の人よりも上の人を気にするので、嫉妬心を持つ可能性もあります。そういう人は嫉妬心をバネにして這い上がろうとする強い野心を持てばよいのですが、逆に弱気になって諦める人が出てくるかもしれません。これら野心や嫉妬は人間の心理を物語る言葉であり、人間の行動を内面から後押しするものです。

これまでは自分の所得・消費を他人と比較して野心と嫉妬を考えましたが、他の事象についても同様のことがいえます。例えば、働いている人であれば職場での地位(すなわち昇進に関すること)、学生であれば自分の学業成績を他人と比較すること、容姿だって他人との比較の上での話題である、等々、あらゆる側面で他人との比較が可能なのです。ここでも野心や嫉妬が絡んできます。

では幸福度への効果はどうでしょうか。野心が強いということは、現状に満足していない可能性が高いので、その時点では幸福度は低く表明されると考えてよいでしょう。嫉妬も人を羨ましいと思うのであるから、現状に不満を感じているだろうと考えられ、その時点での幸福度は低く表明される可能性が高いでしょう。こう考えると、人間として野心の強い人、あるいは嫉妬心の強い人は、現状において幸福度を低く表明する可能性が高いし、逆に野心や嫉妬のない人は現状において幸福を感じる程度が高いと想像できます。

このように野心・嫉妬と幸福の関係を理解すると、野心を持つな、嫉妬を感じるな、ということが人びとの幸福感を高めるためには有効な方策になるかもしれません。例えば、自分の所得を他人の所得と比較しないとか、自分の容姿を他人と比較するのをやめよう、といったことが案外人びとの幸福度を高めることにつながるかもしれない。なぜならば、他人と比較して自分が劣っていることを認識するようなことがあれば不幸を感じるだろうからです。このようなことを含めて本章の後半で、人間の心理を考慮したときに、どのような心掛けをすればよいかを再び議論します。

心理学から格差を考える

所得格差や種々の格差の存在が人びとの幸福感にどのような影響を与えるかを第4章で論じましたが、ここでは人間の心理そのものから格差をどう考えたらよいかを議論します。格差を容認するかしないのか、あるいは格差の存在が人の幸福度に影響するのであれば、背後に人の心理が作用しているに違いないからです。

池上(二〇一二)は人間社会に格差が存在することを前提にして、格差是正や平等を願う声は相当にあるにもかかわらず、遅々としてそれが進まないことに注目します。格差を容認する人びとがかなり存在することの理由を、主として心理学に立脚して解説しているので、それに準拠しながら格差を発生させかつそれを維持させている理由を紹介します。

一つの理論として「社会的支配理論」というのがあります。これは人間社会には人びとの心底の思いとして、不平等な支配・被支配関係を願う気持ちがある、と主張します。それは権威主義と呼んでもよく、弱い自分を強い人によって守ってもらいたいという希望を人間がもっているものと理解します。一方で強くて権威を持っている人も規範や伝統を信奉して、それらが弱い人を服従させる効果があると考えています。すなわち、弱い人も強い人も支配・被支配の関係を容認する、という心理が人間にはあると考えるのです。

この「社会的支配理論」は時折人びとのイディオロギーとして認識されています。このイディオロギーは人びとの発言・行動を規定する傾向があり、これが階層を固定化するのに役立ちます。すなわちイディオロギーは支配集団と被支配集団の双方に共有されるので、階層構造の維持に役立つこととなります。このことは世の中に存在する格差を消極的にせよ双方が是認することを意味し、社会の秩序・安定に貢献するのです。わかりやすく言えば次のようになります。世の中には強者（高所得者）と弱者（低所得者）が存在するのは事実でありかつ避けられないことですが、あえてこの両者の格差を是正しようとすれば、人びとは強硬なことをせねばなりません。それをすればお互いが破滅に至ることもあるので、ここは静かに格差の存在を容認しておいた方が無難である、との人間の心理構造が働くのです。

もっともここでの解釈には一つの問題点が残ります。それは格差の程度に言及していない点です。昔の王制や帝制、封建時代のように、ごく一部の支配階級が巨額の資産・所得や権力を保持する一方で、大多数の被支配階級が貧困に苦しんでいるのなら、被支配階級は体制を崩そうとして反乱を起こすこともあります。それが現実に市民革命として、庶民が国王や貴族、大地主に抵抗して市民を中心とする社会を作り上げたことは歴史が物語っています。

もう一つイディオロギーに関しては、資本主義が発展してから資本家と労働者の階級対立が激しくなり、資本家が労働者を搾取している事実を覆せねばならないとするマルクス経済学思想、あるいは社会主義政治思想が一九世紀を中心にして強くなったことは既に述べました。これは大きな格差を是正するためのイディオロギーと理解してよいでしょう。このイディオロギーは暴力革命の容認論にまで発展して、ロシア革命をはじめとして社会主義革命が成功し、政治体制が変わった国がいくつかあったことも歴史の知るところです。これらの歴史的事実は、格差の容認を是とするイデイオロギーと逆のイディオロギーなので、「社会的支配理論」があれば、「社会的支配打倒理論」という逆の理論も存在するのではないか、という説を提言しておきます。

現代の日本での格差は市民革命や社会主義革命が起きた時のような大きな格差ではありませんが、人びとが日本の格差をどの程度の深刻さと判断しているかによります。いわば格差の大きさの程度、あるいは深刻さが、「社会的支配理論」か「社会的支配打倒理論」を支持するかの分岐点でもあるのです。

格差に関する心理学の立場から、第二の理論があります。それは池上(二〇一二)によると「システム正当化理論」とされています。第一の「社会的支配理論」と少し似ていますが、ここでは弱くて不利な立場にいる人すら、格差を是認することがある、という点を強調することに特徴があります。人間の心理として、現状を維持して肯定しようとする動機が存在するというものです。そして現行の制度やシステムの存在自体が長い間存在してきたのであれば、そのこと自体が公正で正当なものであるとみなすにふさわしい、と考えるのです。

例えば心理学からは、格差あるいは階層の上にいる人にとっては当然のことながら自分の恵まれた位置は自己の利益と一致するので、それを打破しようという気持ちを持たないのが普通でしょう。あるとすれば階層の下にいる人びとへの罪悪感でしょうが、これも下の人びとが強いイディオロギーを持って反抗してこない限り、沈黙していた方が自分にとって好都合という心理が働くと予想できます。

興味深いのは、格差あるいは階層の下にいる人の心理です。本来ならばそういう人は格差の存在を容認せず、上の人への嫉妬心はあるだろうし、このままではいけないと思う人が多数派でしょう。しかしながらそこで上位にいる人への嫉妬をむき出しにせずに、既に述べた「野心」をもってむしろ自分で上位に這い上がろうとする心理を持つ人もいます。上位にいる人を倒して、それらの人を下位に引き降ろすとか、格差をなくすような行動をとれば社会に不安を与えるだけなので好ましくないと思い、格差の存在を容認した上で自分が努力して上の位置に自分で登ることを希望する人もいます。

アメリカ人とヨーロッパ人の比較を第4章でしたときに、アメリカで所得の低い人はそれほど不幸を感じておらず、自分が頑張っていつかは高所得者になろうとする人が多いと述べたことを思い出してください。これこそが格差の存在を容認した上で、自ら上に這い上がろうとする人がいるとする「システム正当化理論」が、うまく適合する例と言えるでしょう。

「システム正当化理論」におけるもう一つの有力な根拠は、保守主義との関係です。現在のシステムを保持することが、人びとに心理的な安寧感を与えるという事実に注目します。人びとが保守的な思想を持つということは、不確実性のあることを好まず、かつ変化を嫌うことを意味します。これは、すなわち現状の肯定ですので、世の中に格差の存在することを保守の立場から擁護するものです。

ジョストというドイツの心理学者を中心にしたグループ(2003)は、外的脅威や不確実性が増大したときは、人びとは保守主義に傾いたり回帰することがあるとしました。つまり、次の三つの社会認知的動機、すなわち①認識論的動機、②存在論的動機、③イディオロギー的動機、によって保守化を促進すると考えたのです。池上(二〇一二)によると、認識論的動機は、曖昧さへの不寛容、不確実性の回避、規則性・平衡性への希望、といった心理的要因で説明されます。存在論的動機は、自尊心の維持、損失防止、死の恐怖への抑圧、などの心理的希望です。イディオロギー的動機には、利己心の合理化、集団的格差の肯定、そして既存のシステムの正当化が挙げられています。人びとの様々な心理的要因が保守化を促し、それが格差の存在の容認につながると理解するのです。

この中で、集団的格差の肯定、ということが特に重要だと思われます。例えば、アメリカにおいては黒人と白人の間には様々な偏見や差別が存在して、教育、仕事、収入などに関して格差があるし、アメリカのみならずどこの国にも似たような偏見や差別があり、女性と男性の間にも格差があります。これらは人種や性別といったことで区別される集団と考えてよいでしょう。

これらの各集団の間には格差の存在することは明らかであり、それはそれぞれの集団に属する人の間でのことなので、自分には責任のない格差であると個々の人びとは思うかもしれません。すなわちすべての人がその集団に属する特有の性質（黒人か白人か、女性か男性か）を共有していることから格差が発生しているので、個人に非はないと白人や男性が思うかもしれないし、逆に、黒人や女性も同じ思いで、自分の非で格差の下にいるのではないと思うかもしれません。換言すれば、自分と同じく恵まれている集団に属する人や逆に恵まれていない集団に属する人が、他にも多数いるので別に優越感や劣等感を持つ必要はないという感情が人間にはあります。この心理的な要因が、集団的格差の肯定につながると考えてよいのではないでしょうか。

2 幸福度を高める政策

個人でできること——心理学からの主張

前節で議論したことを踏まえて、人間の心理の動きに留意しながら幸福を追求するためには、どのような政策があるかを考えてみます。色々な政策提言の中には、必ずしも人間の心理に直接かかわらないものも含まれていますが、ほとんどは心理の特色を考慮する際に有効な政策となっています。

具体的な提案は *New Scientist* の中で Reasons to Be Cheerful（機嫌のよくなる要因）として列挙されているものです。人びとの心が沈痛にならずに、快活になれるときはどういうときか、あるいは幸せになるための心の持ち方を示したものと理解してよいものです。なお「重要度」と書かれているのは、ここに列挙した項目のうち、どの項目がより重要度が高いかを数字で順序付けしたものであり、重要度（0）「まったく幸福に貢献しない項目」、から重要度（5）「最も幸福に貢献する項目」、へと数字が大きくなるほど重要度の上昇を物語っています。

1「天才でなくとも、くよくよしない。重要度：0・0」頭の良し悪しは人の幸福度と無関係である、と述べています。

2「もっとお金を稼ぐ（ただしある程度まで）。重要度：0・5」人より所得が高いと幸福度が高いのは事実であるものの、所得が非常に高くなっても幸福度はそう高くなりません。人間の生活満足度において所得は万能ではないことを間接的に物語っているのです。

3「優雅に歳をとる。重要度：0・5」日本の幸福度調査でもそうであったように、加齢とともに人の幸福度が高まるというのは、万国共通の現象のようです。なぜ年齢を重ねれば幸せを感じる程度が高まるのかは、日本人の幸福度のところで論じたので再述しません。

4「自分の容姿を他人と比較しない。重要度：1・0」映画俳優など容姿のよい人は異性からもてるので幸福感は高いかもしれないが、映画俳優などはほんの少数しかいないからそういう人と比較するのは無意味である、と述べています。

5「宗教を信じる。そうでなければ、他の何かを信じるのがよい。重要度：1・5」西洋ではキリスト教の意義が高いので、宗教を信じれば幸福感が増すと考えるのは自然でしょう。日本人には無宗教の人が多いので、宗教の貢献は西洋より小さいと考えてよいと思われます。

6「他人を助ける。重要度：1・5」利己主義の人と利他主義の人を比較すれば、他人に何かを施すことで満足感を覚える人が多いので、これは人間にとって意義ある項目といえます。人はなぜボランティア活動をするかといえば、他人が助けられて喜んでいる姿に接すれば、自分も充実感を味わうからです。

7「多くを望まない。重要度：2・0」前節において人が幸福を感じるかどうかは、その人の性格が大きく左右していることを強調しました。そのときに、「野心」と「嫉妬心」の果たす役割を述べたわけですが、ここでの「多くを望まない」は、強い野心を持たない、深い嫉妬心を抱かない、ということと同義と考えてよいでしょう。自分が既に持っている以上のことを望むことがなく、かつ自分以上のものを持っている人を嫉ましく思わない、という人は多くの分野（例えば所得、仕事、健康、家族、友人、余暇など）で幸福を感じる傾向が強いのです。

8「友達を作り、かつ大切にする。重要度：2・5」これも人の性格と関係があります。友達のできやすい人は、性格が明るくて開放的で社交的な性格をもっていると思われますが、私達の収集した日本人の幸福に関するデータによると、こういう人の幸福度は高く、逆に明るくなくて非開放的・非社交的な人の幸福度は低いという結果でした。これらを説明する一つの要因としては、友人ができやすいかそうでないかが、人の性格を通して介在していると考えられます。

9「結婚する。重要度：3・0」私達のデータによると、既婚者は単身者、離婚した人や離別した人よりも幸福度が高かったので、結婚することがその人の幸福度を高めることは確実です。しかし一度結婚という幸福をつかんだとしても、離婚や配偶者の死に遭遇すると一気に不幸になるのでリスクはあります。逆に嫌な人と一緒にいることの不幸を、離婚や離別は幸福に転ずるかもしれないわけで、これはリスクに関連した不幸・幸福といえます。婚姻の重要度が3・0と高いのは、経済的にも心理的にも男女の結びつきを促す人生の大きな決断だからです。しかし男女間のことは幸福と不幸の間を振り子のように大きく揺れ動くので、リスクを覚悟せねばなりませんが、魅力ある関係でもあります。

10「遺伝子を最大限に活用する。重要度：5・0」これは重要度のもっとも高い項目です。具体的に何を意味しているかと言えば、人の生まれつきの性格(すなわち遺伝子)をもっとも有効に生かせるように行動したい、ということです。例えば開放的・社会的な性格を保有する人は積極的に友人をつくりやすいし、結婚をする確率も高いだろうから、幸福な人生を送ることができる、一方で非開放的・被社会的な性格の人は、あえて多くの友人をつくるようなことをせずに、自分一人で楽しめるような趣味を持って、それに生きがいを感じることができれば幸福度は少しは高まるでしょう。後者の人の結婚については、配偶者の性格にも依存するので、断定的なことを述べることは困難です。

ここでは一〇項目を挙げて幸福をつかむことを可能にする、主として人の性格と関係のある心理的なことを重要度の順序ごとに論じました。自分がどういう性格であるかを冷静に認識できる人は、自己の性格にうまく適合した行動ができるので、幸福な人生を送ることができる、ということになるでしょう。持って生まれた遺伝子(すなわち性格)は年齢を重ねるごとに変化するのか、あるいは変化させることが可能なのか、心理学の素人の著者にはわかりませんが、どの年齢にあっても冷静に自分の性格を見極めることが肝心といえるでしょう。自分の性格がよくわかって、それに対応した行動のできる人は、自己の幸福度を高めることができる可能性が高まるのです。

3 政府に期待できるか

国民の幸福度を高めるには個人がどういう人生を送るか、ということが基本的に重要です。しかし国民一人ひとりが行うことには限界があるし、個人ではできないことも多くあります。後者に関しては、政府ないし行政部門が政策を発動することによって、初めて効力を発揮することですから、政府がどれほど国民の幸福度の向上に寄与しているかを議論することができます。当然のことながら日本政府を対象として、比較のために他の先進国にも注意を払います。それぞれの国の特色ということを離れて、政府の役割、あるいは公共財の供給といった一般的な話題にも言及します。

政府の役割

政府の役割については、大別して次の三つの異なった見方があります。(1)夜警国家論、(2)民主主義国家論、(3)社会主義国家論、です。夜警国家論とは一八世紀、一九世紀の欧米で主張された思想であり、国家、あるいは政府のやるべきことは国防、治安、外交の三つの分野に限定し、他の分野は主として民間に任すべき、との考え方です。すなわち、軍事力、警察力、そして政府外交が国の三つの柱であって、経済活動に政府は関与しなくてよいとし、民間の経済活動のなすがままが最適と考えます。この夜警国家論で論争となるのは、教育や福祉の分野をどう評価するか、という点です。夜警国家論が勢いがあった時代では、教育や福祉はそれほどの役割を演じていなかったのであまり議論にならなかったのですが、その後この二つの分野が社会でウェイトを占めるようになり、既に列挙した三つの見方の中でも夜警国家論は急速に衰退したのです。

民主主義国家論とは、自由主義と民主主義という政治・哲学思想と、資本主義という経済思想を総称したものと考えてよいでしょう。経済活動は民間部門を中心にしてなされるべきとの思想に変化はないけれども、政府の役割を夜警国家論以上に重視します。すなわち経済の運営を民間の経済活動だけに任せておくと景気循環の波から逃れられないし、経済格差が拡大し国民が不安を感じるという悪影響も見られるようになりました。景気循環の波を最小にするために、既に述べたケインズ経済学による政府の財政・金融政策があり、経済格差の是正のための政策や国民の不安を最小にするために、福祉制度や社会保障制度の登場がありました。

こうした流れの中で、福祉・社会保障の分野を充実させるべきとする思想として福祉国家論が定着しました。これは民主主義国家論の中に入れて不都合はないものの、むしろ重要なことは政府が国民の福祉と社会保障にコミットする程度が国によって異なる、ということです。既に論じたデンマークは他の北欧諸国と同じく高福祉が国民に提供されており、当然のごとく国民は高い税金と社会保険料という高負担を受け入れています。中福祉・中負担の国としては、ドイツ、フランス、イギリスといった中部ヨーロッパの大国が典型ですし、低福祉・低負担の国として、日本とアメリカを挙げておきます。これら高福祉・高負担の国、中福祉・中負担の国、低福祉・低負担の国の歴史的な経緯と発展については橘木(二〇一〇)に詳しく述べられています。

日本がなぜ低福祉・低負担の国であったかを一言でまとめれば、年金、医療、介護といったことは家族で面倒を見るという伝統があったからです。年老いた親の経済生活は成人した子どもが面倒を見るし、両親が病気や要介護になったときも同じく成人した子どもの看病、介護に依存しました。いわゆる家父長制の家族形態、三世代同居といった住居の方式が、ここでいう年老いた親の面倒を見ることの制度的背景でした。日本人の精神構造に立脚して述べれば、家族の絆が強かったので家族の間での助け合いに期待できたのでした。政府の登場の必要性は小さかったのです。

しかし個人化の進展、家族の絆の希薄化、などの影響を受け、しかもヨーロッパ流の福祉国家に倣いたいという希望が国民の間で高まり、一九七三年に日本は「福祉元年」と呼ばれたように、福祉国家への道を歩んだのです。とはいえ日本型福祉社会と称されるように、家族の役割をまだ尊重し、福祉を全面的に政府に依存する姿は日本では定着せず、低福祉・低負担の国であり続けたのです。

ところが家族の絆の低下はますます進み、「無縁社会」という恐ろしい言葉が流布するほど、家族に頼ることができない国になりました。しかも日本が少子・高齢化と低成長時代に突入したことによって、年金、医療、介護といった社会保障制度を健全に運営できない時代となり、国民の不安は一挙に高まることになりました。ここに至って日本は、アメリカ流の一人ひとりの自立精神に立脚した低福祉・低負担の国に向かうのか、それともヨーロッパ流の中福祉・中負担の国、あるいは高福祉・高負担の国に向かうのか、選択の時期にいるのです。

なお日本の低福祉・低負担を支えたものとして、家族の役割に加えて企業の役割を忘れてはなりません。独身寮、社宅、病院、企業年金、文化・スポーツ施設といった形で日本企業、特に大企業は法律で義務化されていない非法定福利厚生と称される福祉を社員に提供していたのです。もとより法律で義務化された社会保険料の事業主負担分でも企業は国民の福祉に貢献していました。しかし日本経済の不況、低成長経済への突入により、企業経営が苦しくなってコスト削減のために福祉からの撤退を余儀なくされています。企業が福祉から撤退していることからも、日本国民は自立か、それとも国家に頼るかの選択を迫られているのです。

最後の社会主義国家論ですが、これは経済学の発展を述べた際にマルクス主義経済学として第5章で論じているので、ここでは再述しません。日本が将来的に社会主義国家となる可能性は大きくないだけに、この国家論における福祉を考えてもさほど意味がないと思われるのが、再述しないもう一つの理由です。

なお福祉と同様に、政府が関与する重要な分野として教育があります。公共部門がどれだけ教育に関与するのか、あるいは関与しないのかは、公的教育支出費の大小で評価できます。さらに、公立学校重視か、それとも私立学校重視か、というのも一つの視点です。一般的に述べれば、公的部門が大きな額の教育費を支出し、かつ公立学校のウェイトが高い国は、福祉と社会保障の分野でも高福祉・高負担の国であるし、その逆の国、すなわち公的部門の教育費支出額の少ない国は、一般論として低福祉・低負担の国です。

前者の例としてデンマーク、スウェーデンなどの北欧諸国、後者の典型として日本があります。前者この二者の対比は、「大きな政府」対「小さな政府」という見方に置き換えていいことです。前者は国民の福祉や教育に関することで政府が大きく関与するし、公的支出額も大きいのに対して、後者は政府は大きく関与しないし、もっとも重要なことは公的支出額が小さいのです。日本の公的教育費支出の対ＧＤＰ比率は先進国中で最低であることは有名ですし、社会保障給付額の対ＧＤＰ比率もかなり低いのです。

私の個人的な主張は、日本はヨーロッパ流の福祉国家の道を歩み、福祉と教育を公共部門が担う案を好むものです。従って、日本は現状の「小さな政府」から脱却してよい、と主張しています。その根拠を簡単に述べれば、家族と企業が福祉にコミットできなくなっている日本であれば、国民に安心感を与えて幸せな人生を送れるようにするのは政府の役目と考えます。国民の労働生産性を高めるには、教育と技能の蓄積しかありません。そのためには、国民は税・社会保険料の負担をこれまで以上に覚悟する必要があります。教育に関しても、教育費の負担を親に押しつけているので、親の経済力次第で子どもがどこまで教育を受けられるかが決まっている日本は、教育の機会平等が達成されていません。親のステイタスとは無関係に子どもが望む教育を受けることができるようにするには、公的部門の教育費支出を増大せねばなりません。

ところがこの主張・意見は、日本では少数派といっていいでしょう。多数派の主張では、福祉、公教育を充実することは民間経済や私的教育の発展にとって阻害となるので、国民の自立意識と勤労意欲に期待して、経済活性化を追求した方が好ましいという声が強い。さらに、そもそも政府への不信感も日本では強いのです。そこで、政府のやっていることを次に考えてみます。

政府の質

政府が福祉、教育をはじめ、様々な公共サービスを国民のニーズに合わせて、かつ効率的に提供して、国民の幸福度が高まるのであれば申し分のない政府と理解できます。日本の政府の実態がどうであるのか、他の先進国の政府と比較しながら検討してみましょう。それに関して、ボック(二

表 7-1　政府評価の国際比較

	アメリカ	カナダ	フランス	ドイツ	日　本	スウェーデン	イギリス
参加と説明責任	1.08	1.46	1.40	1.48	0.91	1.55	1.42
政治的安定	0.31	0.94	0.46	0.83	1.11	1.13	0.46
政府プログラムの有効性	1.64	2.03	1.20	1.52	1.29	2.00	1.83
規制の特質	1.47	1.53	1.06	1.39	1.27	1.44	1.76
法の支配	1.57	1.85	1.31	1.77	1.40	1.86	1.73
汚職の制御	1.30	1.90	1.44	1.78	1.31	2.24	1.86

出所）数値は，Daniel Kaufmann, Aart Kraay, and Massimo Mastruzzi, "Governance Matters VI: Aggregate and Individual Governance Indicators 1996-2006," World Bank Policy Research Working Paper 4280 (July 2007), pp. 76-93 による.

〇一二)は有用な議論をしているのですが，そこでは主たる関心がアメリカにあるので，ここでは日本を中心にして論じてみることにします。

表7－1は先進七か国(アメリカ，カナダ，フランス，ドイツ，日本，スウェーデン，イギリス)の政府の質，すなわちどれほど適切に政策を実行してきたかに関する世界銀行による報告書の一部です。政府の掲げる目標，例えば低インフレ率と低失業者を伴った堅調な経済成長，無理な負担のない社会保障，高いレベルの学力を生む義務教育，安全な大気などの環境，といった目標をどれだけ達成しているかで政府を評価したものです。ここに列挙した数々の目標に関することとさえ，国によって優先度は異なるので公平に比較評価することは容易ではないのですが，珍しい研究なので検討しておきます。

この表では六つの分野が評価されています。(1)「参加と説明責任」は，国民がどれだけ政府の政策決定に参加しているのか，そしてどれだけ国民に認知され，かつ政府が国民にどれだけ知らせようとしているのか，を意味しています。(2)「政治的安定」は、政府のテロや暴力に対する対策です。(3)「政府プログラムの有効性」は、政策決定と実行の特質を意味します。(4)「規制の特質」は、市民を各種のリスクから保護するための政策と規定の程度を示しています。(5)「法の支配」は、犯罪を予防し、かつ取り締まる警察と裁判所の機能、そして役人の規律です。(6)「汚職の制御」は、公職者のモラルと政府が利益団体の意向に左右される程度です。

まず総合評価に注目すると、合計点で評価すればスウェーデンが一〇・二二でトップ、次いでカナダ九・七一、イギリス九・〇六、ドイツ八・七七、アメリカ七・三七、日本七・二九、フランス六・八七であり、日本は七か国中の第六位です。日本政府の仕事の程度は、極めて低い評価しか与えられていないのです。一九五〇～六〇年代の高度成長期、そして一九七〇～八〇年代の安定成長期では日本政府はうまく機能していたとの高評価でしたが、現代(一九九六～二〇〇六年)では低評価に落ちています。これは、日本国民の思いと同じではないでしょうか。

個別の分野に注目してみましょう。(1)「参加と説明責任」に関しては、七か国中の最下位の評価であり、政策決定に日本国民が参加しておらず、政府からの情報提供もない、ということです。(2)「政治的安定」に関しては、テロや暴力とは縁遠い日本なのでここでの高評価には頷けるものの、現代では長い間政治の世界が何も決められない状況にいたので、現在での評価であればもっと低いと想像できます。(3)「政府プログラムの有効性」、以下(6)「汚職の制御」までに関しては、すべて第六位と低く、まっとうな評価といえます。(3)から(6)までの低評価をまとめると、政府は国民のためになる有効なサービス提供を行っていないし、政治家と官僚は自分達の利益を第一にして行動しているし、モラルも低く汚職にコミットしているとの評価なのです。

以上、日本政府の仕事ぶりに対する低評価を解釈すれば、国民は日本政府のやることを信じておらず、結局甘い汁を吸っているのは政治家と官僚であり、自分達はよいサービスを受けていないとの判断です。そうであるなら、たとえ高い税金と社会保険料を政府に払っても、見返りのある福祉や教育の分野で良いサービスを受けることは期待できないので、今のままの「小さな政府」の姿でいた方がよい、と思っていると判断していいでしょう。

あとがき

日本国民の「幸せ」度は、世界各国の人びとと比較すれば中間の位置にいることがわかりました。すなわち「幸せ」でもなく、かといって「不幸」でもないという平均的な幸福感の中にいます。このどっちつかずの事実は意外とむずかしい評価につながります。もし強い不幸を感じているのなら、どうすればよいかという政策論議が強力に必要となるし、高い「幸せ」の中にいるのであるならば、それほど強い政策措置を期待しなくともよいことになります。中間の位置なら何をすればよいのか、判断が困難です。しかし、本来は「幸せ」度は高ければ高いほど好ましいことですので、何らかの政策は必要と判断するものです。これに関してデンマークやブータンから学ぶことは多いことがわかりました。例えば社会保障制度の重要さ、人びとの平等意識の大切さ、人びとの心や精神のこと、あるいは家族やコミュニティにおける絆が特に重要ということです。

日本人の「幸福度」は必ずしも経済的な豊かさだけで決定されるものではない、ということもはっきりしました。ただこれでもって経済を効率的に運営して経済成長率を高める政策は不必要である、とまでの主張はしません。私の考え方を披露すれば、定常状態を保持するので充分ではないか、ということになります。環境問題が深刻である中、高い成長率を求めない定常経済は環境にやさしいし、経済学史上での価値にも高いものがあります。人口減少下の日本では経済成長率はマイナスになるのが自然の帰結ですが、マイナスになって人びとの元気さと生活水準が低下しては困るので、——それをゼロ成長に高めるという政策だけでも大変ですが——、少なくともゼロ成長だけは達成したいと希望します。

日本国民が経済的な豊かさだけに価値をおいていないのなら、人びとを幸福にする分野においてそれを高める政策に期待が集まります。それが何であるのか、例えばガムシャラに働くことだけを目標とせずに、余暇を楽しむ余裕がほしいですし、社会保障制度の充実によって人びとに安心感を与えることも重要だと思われます。さらに人びとの間に過度の格差を生んで、弱者が不必要な嫉妬心を抱くような社会にすることも避けるべきでしょう。かといって野心を抱いて頑張る人の出鼻を挫くことも好ましくありません。ついでながら日本に顕著な地域間格差の是正も期待されます。

さらに日本では誰がどういう社会・経済の状態にいるとき、かつどういうことをしているときに「幸せ」を感じているかを明らかにして、個人や社会が人びとの幸福を高めるにはどうすればよいかのヒントを考えました。

本書の一つの特色は、はしがきでも述べたことですが、人が「幸せ」度の意思表示をする際にその人の性格、あるいは心理の状態がどうであるかの役割が大きいことを示したことです。さらに人の心理に注目した場合、どのようなことが人びとの「幸せ」度を高めるかについて政策を考えました。

本書は経済学の知識のない人にも理解できるように書く努力をしました。さらに、「幸せ」という比較的新しい課題に我々がどう取り組めばよいかの指針を与えようとしました。学生、一般人、そして経済学に関心のある方にとって有用な書物になっていることを望みますが、私の実力不足でそれが達成されていないかもしれません。

もともとは二〇一二年七月・八月に行われた「岩波市民セミナー」における私の講義録から出発した書物ですが、これに講義録以上の分量の文章を新しく書き加えました。「岩波市民セミナー」では、中村達也・中央大学名誉教授、西沢栄一郎・法政大学教授のコメントとご教示が有意義でした。テキサスA&M大学の小野浩教授は未公刊論文の引用を許可されたので感謝します。本書で用いられた図表の計算結果については補助研究者であった同志社大学・高松里江氏(現・大阪大学助教)の支援によるものです。彼女に感謝します。

最後に、本書は岩波書店の髙橋弘氏の企画と支援によって出版が可能となりました。いつもながらの氏による機能的な仕事ぶりに感謝しています。当然のことながら、本書に含まれるかもしれない誤りと主張に関する責任は、すべて私に帰するものです。

二〇一三年初夏

橘木俊詔

参考文献

池上和子(二〇一二)『格差と序列の心理学』ミネルヴァ書房。

T・ヴェブレン／高哲男訳(一九九八)『有閑階級の理論』筑摩書房(T. Veblen, *The Theory of the Leisure Class*, Modern Library, 1899)。

枝廣淳子、草郷孝好、平山修一(二〇一一)『GNH(国民総幸福)――みんなでつくる幸せ社会へ』海象社。

大竹文雄、白石小百合、筒井義郎(二〇一〇)『日本の幸福度――格差・労働・家族』日本評論社。

大橋照枝(二〇一〇)『幸福立国ブータン――小さな国際国家の大きな挑戦』白水社。

大橋照枝(二〇一一)『幸せの尺度――「サステナブル日本3・0」をめざして』麗澤大学出版会。

翁百合、西沢和彦、山田久、湯元健治(二〇一二)『北欧モデル　何が政策イノベーションを生み出すのか』日本経済新聞出版社。

子安増生、杉本均編(二〇一二)『幸福感を紡ぐ人間関係と教育』ナカニシヤ出版。

銭本隆行(二〇一二)『デンマーク流「幸せの国」のつくりかた』明石書店。

橘木俊詔(一九九八)『日本の経済格差――所得と資産から考える』岩波新書。

橘木俊詔(二〇〇六)『格差社会　何が問題なのか』岩波新書。

橘木俊詔(二〇一〇)『安心の社会保障改革――福祉思想史と経済学で考える』東洋経済新報社。

千葉忠夫(二〇〇九)『世界一幸福な国デンマークの暮らし方』PHP新書。

広井良典(二〇〇一)『定常型社会――新しい「豊かさ」の構想』岩波新書。

広井良典(二〇〇九)『グローバル定常型社会――地球社会の理論のために』岩波書店。

ブルーノ・S・フライ／白石小百合訳(二〇一二)『幸福度をはかる経済学』NTT出版(Bruno S. Frey, *Happi-*

ness: A Revolution in Economics, MIT Press, 2008)。

デレック・ボック／土屋直樹、茶野努、宮川修子訳（二〇一一）『幸福の研究』東洋経済新報社（*The Politics of Happiness*, Princeton University Press, 2010）。

Alesina, A., E. Glaeser, and B. Sacerdote (2001), "Why doesn't the US Have a European-Style Welfare State?" *Brookings Papers on Economic Activity*, No. 2, pp. 187-277.

Alesina, A., R. Di Tella, and R. MacCulloch (2004), "Inequality and Happiness: Are Europeans and Americans Different?" *Journal of Public Economics*, Vol. 88, pp. 2009-2042.

Duesenberry, J. (1949), *Income, Saving and the Theory of Consumer Behavior*, Harvard University Press.

Frey, B. and A. Stutzer (2002), *Happiness and Economics: How the Economy and Institutions Affect Human Well-Being*, Princeton University Press.

Jost, J. *et al.* (2003), "Fair Market Ideology: Its Cognitive-Motivational Underpinnings." *Research in Organizational Behavior*, vol. 25, pp. 53-91.

Layard, R. (2005), *Happiness: Lessons from a New Science*, Penguin.

Ono, H. and K. S. Lee (2012), "Welfare States and the Distribution of Happiness," unpublished manuscript（著者の許可を得て引用）。

橘木俊詔
1943年兵庫県生まれ．小樽商科大学卒，大阪大学大学院修士課程修了，ジョンズ・ホプキンス大学大学院博士課程修了(Ph.D.)．京都大学教授を経て現在同志社大学経済学部教授．その間，仏米英独で教育・研究職．元日本経済学会会長．専攻は経済学．
著書に『日本の経済格差』(岩波新書，1998年)，『家計からみる日本経済』(岩波新書，2004年)，『格差社会　何が問題なのか』(岩波新書，2006年)，『女女格差』(東洋経済新報社，2008年)，『早稲田と慶応』(講談社現代新書，2008年)，『東京大学』(岩波書店，2009年)，『日本の教育格差』(岩波新書，2010年)，『京都三大学』(岩波書店，2011年)，『女性と学歴』(勁草書房，2011年)，『課題解明の経済学史』(朝日新聞出版，2012年)，『三商大』(岩波書店，2012年)，『夫婦格差社会』(共著，中公新書，2013年)など多数．

岩波現代全書 002
「幸せ」の経済学

2013年6月18日　第1刷発行

著　者　橘木俊詔《たちばなきとしあき》

発行者　岡本　厚

発行所　株式会社 岩波書店
〒101-8002 東京都千代田区一ツ橋 2-5-5
電話案内 03-5210-4000
http://www.iwanami.co.jp/

印刷・三秀舎　カバー・半七印刷　製本・松岳社

ISBN 978-4-00-029102-6　Printed in Japan

岩波現代全書発刊に際して

いまここに到来しつつあるのはいかなる時代なのか。新しい世界への転換が実感されながらも、情況は錯綜し多様化している。先人たちは、山積する同時代の難題に直面しつつ、解を求めて学術を頼りに知的格闘を続けてきた。その学術は、いま既存の制度や細分化した学界に安住し、社会との接点を見失ってはいないだろうか。メディアは、事実を探求し真実を伝えることよりも、時流にとらわれ通念に迎合する傾向を強めてはいないだろうか。

現在に立ち向かい、未来を生きぬくために、求められる学術の条件が三つある。第一に、現代社会の裾野と標高を見極めようとする真摯な探究心である。第二に、今日的課題に向き合い、人類が営々と蓄積してきた知的公共財を汲みとる構想力である。第三に、学術とメディアと社会の間を往還するしなやかな感性である。様々な分野で研究の最前線を行く知性を見出し、諸科学の構造解析力を出版活動に活かしていくことは、必ずや「知」の基盤強化に寄与することだろう。

岩波書店創業者の岩波茂雄は、創業二〇年目の一九三三年、「現代学術の普及」を旨に「岩波全書」を発刊した。学術は同時代の人々が投げかける生々しい問題群に向き合い、公論を交わし、積極的な提言をおこなうという任務を負っていた。人々もまた学術の成果を思考と行動の糧としていた。「岩波全書」の理念を継承し、学術の初志に立ちかえり、現代の諸問題を受けとめ、全分野の最新最良の成果を、好学の読書子に送り続けていきたい。その願いを込めて、創業百年の今年、ここに「岩波現代全書」を創刊する。

（二〇一三年六月）